U0037373

[illegible]論不代表本社立場，一切言論、法律責任由「幸福科學」承擔。

輝守護靈的靈言看東亞情勢 從李登輝守護靈的靈言看東亞情勢 從李登輝守護靈的靈言看東亞情勢 從李登輝守護靈的靈言看東亞情勢
登輝守護靈的靈言看東亞情勢 從李登輝守護靈的靈言看東亞情勢 從李登輝守護靈的靈言看東亞情勢 從李登輝守護靈的靈言看東亞情勢
登輝守護靈的靈言看東亞情勢 從李登輝守護靈的靈言看東亞情勢 從李登輝守護靈的靈言看東亞情勢 從李登輝守護靈的靈言看東亞情勢
登輝守護靈的靈言看東亞情勢 從李登輝守護靈的靈言看東亞情勢 從李登輝守護靈的靈言看東亞情勢 從李登輝守護靈的靈言看東亞情勢
登輝守護靈的靈言看東亞情勢 從李登輝守護靈的靈言看東亞情勢 從李登輝守護靈的靈言看東亞情勢 從李登輝守護靈的靈言看東亞情勢
登輝守護靈的靈言看東亞情勢 從李登輝守護靈的靈言看東亞情勢 從李登輝守護靈的靈言看東亞情勢 從李登輝守護靈的靈言看東亞情勢
登輝守護靈的靈言看東亞情勢 從李登輝守護靈的靈言看東亞情勢 從李登輝守護靈的靈言看東亞情勢 從李登輝守護靈的靈言看東亞情勢
登輝守護靈的靈言看東亞情勢 從李登輝守護靈的靈言看東亞情勢 從李登輝守護靈的靈言看東亞情勢 從李登輝守護靈的靈言看東亞情勢
登輝守護靈的靈言看東亞情勢 從李登輝守護靈的靈言看東亞情勢 從李登輝守護靈的靈言看東亞情勢 從李登輝守護靈的靈言看東亞情勢
登輝守護靈的靈言看東亞情勢 從李登輝守護靈的靈言看東亞情勢 從李登輝守護靈的靈言看東亞情勢 從李登輝守護靈的靈言看東亞情勢
登輝守護靈的靈言看東亞情勢 從李登輝守護靈的靈言看東亞情勢 從李登輝守護靈的靈言看東亞情勢 從李登輝守護靈的靈言看東亞情勢
登輝守護靈的靈言看東亞情勢 從李登輝守護靈的靈言看東亞情勢 從李登輝守護靈的靈言看東亞情勢 從李登輝守護靈的靈言看東亞情勢
登輝守護靈的靈言看東亞情勢 從李登輝守護靈的靈言看東亞情勢 從李登輝守護靈的靈言看東亞情勢 從李登輝守護靈的靈言看東亞情勢
登輝守護靈的靈言看東亞情勢 從李登輝守護靈的靈言看東亞情勢 從李登輝守護靈的靈言看東亞情勢 從李登輝守護靈的靈言看東亞情勢
登輝守護靈的靈言看東亞情勢 從李登輝守護靈的靈言看東亞情勢 從李登輝守護靈的靈言看東亞情勢 從李登輝守護靈的靈言看東亞情勢
登輝守護靈的靈言看東亞情勢 從李登輝守護靈的靈言看東亞情勢 從李登輝守護靈的靈言看東亞情勢 從李登輝守護靈的靈言看東亞情勢
登輝守護靈的靈言看東亞情勢 從李登輝守護靈的靈言看東亞情勢 從李登輝守護靈的靈言看東亞情勢 從李登輝守護靈的靈言看東亞情勢
登輝守護靈的靈言看東亞情勢 從李登輝守護靈的靈言看東亞情勢 從李登輝守護靈的靈言看東亞情勢 從李登輝守護靈的靈言看東亞情勢
登輝守護靈的靈言看東亞情勢 從李登輝守護靈的靈言看東亞情勢 從李登輝守護靈的靈言看東亞情勢 從李登輝守護靈的靈言看東亞情勢
登輝守護靈的靈言看東亞情勢 從李登輝守護靈的靈言看東亞情勢 從李登輝守護靈的靈言看東亞情勢 從李登輝守護靈的靈言看東亞情勢
登輝守護靈的靈言看東亞情勢 從李登輝守護靈的靈言看東亞情勢 從李登輝守護靈的靈言看東亞情勢 從李登輝守護靈的靈言看東亞情勢
登輝守護靈的靈言看東亞情勢 從李登輝守護靈的靈言看東亞情勢 從李登輝守護靈的靈言看東亞情勢 從李登輝守護靈的靈言看東亞情勢
登輝守護靈的靈言看東亞情勢 從李登輝守護靈的靈言看東亞情勢 從李登輝守護靈的靈言看東亞情勢 從李登輝守護靈的靈言看東亞情勢
登輝守護靈的靈言看東亞情勢 從李登輝守護靈的靈言看東亞情勢 從李登輝守護靈的靈言看東亞情勢 從李登輝守護靈的靈言看東亞情勢
登輝守護靈的靈言看東亞情勢 從李登輝守護靈的靈言看東亞情勢 從李登輝守護靈的靈言看東亞情勢 從李登輝守護靈的靈言看東亞情勢
登輝守護靈的靈言看東亞情勢 從李登輝守護靈的靈言看東亞情勢 從李登輝守護靈的靈言看東亞情勢 從李登輝守護靈的靈言看東亞情勢
登輝守護靈的靈言看東亞情勢 從李登輝守護靈的靈言看東亞情勢 從李登輝守護靈的靈言看東亞情勢 從李登輝守護靈的靈言看東亞情勢
登輝守護靈的靈言看東亞情勢 從李登輝守護靈的靈言看東亞情勢 從李登輝守護靈的靈言看東亞情勢 從李登輝守護靈的靈言看東亞情勢
登輝守護靈的靈言看東亞情勢 從李登輝守護靈的靈言看東亞情勢 從李登輝守護靈的靈言看東亞情勢 從李登輝守護靈的靈言看東亞情勢
登輝守護靈的靈言看東亞情勢 從李登輝守護靈的靈言看東亞情勢 從李登輝守護靈的靈言看東亞情勢 從李登輝守護靈的靈言看東亞情勢
登輝守護靈的靈言看東亞情勢 從李登輝守護靈的靈言看東亞情勢 從李登輝守護靈的靈言看東亞情勢 從李登輝守護靈的靈言看東亞情

從李登輝守護靈的靈言看東亞情勢 從李登輝守護靈的靈言看東亞情勢 從李登輝守護靈的靈言看東亞情勢 從李登輝守護靈的靈言看東

從李登輝守護靈的靈言看東亞情勢 從李登輝守護靈的靈言看東亞情勢 從李登輝守護靈的靈言看東亞情勢 從李登輝守護靈的靈言看東
從李登輝守護靈的靈言看東亞情勢 從李登輝守護靈的靈言看東亞情勢 從李登輝守護靈的靈言看東亞情勢 從李登輝守護靈的靈言看東
從李登輝守護靈的靈言看東亞情勢 從李登輝守護靈的靈言看東亞情勢 從李登輝守護靈的靈言看東亞情勢 從李登輝守護靈的靈言看東
從李登輝守護靈的靈言看東亞情勢 從李登輝守護靈的靈言看東亞情勢 從李登輝守護靈的靈言看東亞情勢 從李登輝守護靈的靈言看東
從李登輝守護靈的靈言看東亞情勢 從李登輝守護靈的靈言看東亞情勢 從李登輝守護靈的靈言看東亞情勢 從李登輝守護靈的靈言看東
從李登輝守護靈的靈言看東亞情勢 從李登輝守護靈的靈言看東亞情勢 從李登輝守護靈的靈言看東亞情勢 從李登輝守護靈的靈言看東
從李登輝守護靈的靈言看東亞情勢 從李登輝守護靈的靈言看東亞情勢 從李登輝守護靈的靈言看東亞情勢 從李登輝守護靈的靈言看東
從李登輝守護靈的靈言看東亞情勢 從李登輝守護靈的靈言看東亞情勢 從李登輝守護靈的靈言看東亞情勢 從李登輝守護靈的靈言看東
從李登輝守護靈的靈言看東亞情勢 從李登輝守護靈的靈言看東亞情勢 從李登輝守護靈的靈言看東亞情勢 從李登輝守護靈的靈言看東
從李登輝守護靈的靈言看東亞情勢 從李登輝守護靈的靈言看東亞情勢 從李登輝守護靈的靈言看東亞情勢 從李登輝守護靈的靈言看東
從李登輝守護靈的靈言看東亞情勢 從李登輝守護靈的靈言看東亞情勢 從李登輝守護靈的靈言看東亞情勢 從李登輝守護靈的靈言看東
從李登輝守護靈的靈言看東亞情勢 從李登輝守護靈的靈言看東亞情勢 從李登輝守護靈的靈言看東亞情勢 從李登輝守護靈的靈言看東
從李登輝守護靈的靈言看東亞情勢 從李登輝守護靈的靈言看東亞情勢 從李登輝守護靈的靈言看東亞情勢 從李登輝守護靈的靈言看東
從李登輝守護靈的靈言看東亞情勢 從李登輝守護靈的靈言看東亞情勢 從李登輝守護靈的靈言看東亞情勢 從李登輝守護靈的靈言看東
從李登輝守護靈的靈言看東亞情勢 從李登輝守護靈的靈言看東亞情勢 從李登輝守護靈的靈言看東亞情勢 從李登輝守護靈的靈言看東
從李登輝守護靈的靈言看東亞情勢 從李登輝守護靈的靈言看東亞情勢 從李登輝守護靈的靈言看東亞情勢 從李登輝守護靈的靈言看東
從李登輝守護靈的靈言看東亞情勢 從李登輝守護靈的靈言看東亞情勢 從李登輝守護靈的靈言看東亞情勢 從李登輝守護靈的靈言看東
從李登輝守護靈的靈言看東亞情勢 從李登輝守護靈的靈言看東亞情勢 從李登輝守護靈的靈言看東亞情勢 從李登輝守護靈的靈言看東
從李登輝守護靈的靈言看東亞情勢 從李登輝守護靈的靈言看東亞情勢 從李登輝守護靈的靈言看東亞情勢 從李登輝守護靈的靈言看東
從李登輝守護靈的靈言看東亞情勢 從李登輝守護靈的靈言看東亞情勢 從李登輝守護靈的靈言看東亞情勢 從李登輝守護靈的靈言看東
從李登輝守護靈的靈言看東亞情勢 從李登輝守護靈的靈言看東亞情勢 從李登輝守護靈的靈言看東亞情勢 從李登輝守護靈的靈言看東
從李登輝守護靈的靈言看東亞情勢 從李登輝守護靈的靈言看東亞情勢 從李登輝守護靈的靈言看東亞情勢 從李登輝守護靈的靈言看東
從李登輝守護靈的靈言看東亞情勢 從李登輝守護靈的靈言看東亞情勢 從李登輝守護靈的靈言看東亞情勢 從李登輝守護靈的靈言看東
從李登輝守護靈的靈言看東亞情勢 從李登輝守護靈的靈言看東亞情勢 從李登輝守護靈的靈言看東亞情勢 從李登輝守護靈的靈言看東
從李登輝守護靈的靈言看東亞情勢 從李登輝守護靈的靈言看東亞情勢 從李登輝守護靈的靈言看東亞情勢 從李登輝守護靈的靈言看東
從李登輝守護靈的靈言看東亞情勢 從李登輝守護靈的靈言看東亞情勢 從李登輝守護靈的靈言看東亞情勢 從李登輝守護靈的靈言看東
從李登輝守護靈的靈言看東亞情勢 從李登輝守護靈的靈言看東亞情勢 從李登輝守護靈的靈言看東亞情勢 從李登輝守護靈的靈言看東
從李登輝守護靈的靈言看東亞情勢 從李登輝守護靈的靈言看東亞情勢 從李登輝守護靈的靈言看東亞情勢 從李登輝守護靈的靈言看東
從李登輝守護靈的靈言看東亞情勢 從李登輝守護靈的靈言看東亞情勢 從李登輝守護靈的靈言看東亞情勢 從李登輝守護靈的靈言看東
從李登輝守護靈的靈言看東亞情勢 從李登輝守護靈的靈言看東亞情勢 從李登輝守護靈的靈言看東亞情勢 從李登輝守護靈的靈言看東
從李登輝守護靈的靈言看東亞情勢 從李登輝守護靈的靈言看東亞情勢 從李登輝守護靈的靈言看東亞情勢 從李登輝守護靈的靈言看東

從李登輝守護靈的靈言看東亞情勢

大川隆法

Ryuho Okawa

台灣、中國、日本三國關係牽動東亞情勢！本書收錄了李登輝、習近平、馬英九的守護靈靈言，以及孫文的靈言、大川隆法台港兩地講演錄，從中讀者可推敲出台灣做為「不沉的航空母艦」，應發揮何種作用。

目錄

第一章　前言

本章是來自台灣前總統李登輝先生的守護靈訊息。

在降下這熱切話語的過程中，我自己也不由得地幾乎三次掉下眼淚。日本人早已遺忘的武士道精神，儘管台灣被日本斷絕了正式的邦交關係，但他內心卻始終是做為一個日本人而活著。他一邊強力地打擊著韓國和中華人民共和國，一邊持續地鼓舞著日本人。

李登輝前總統今年九十一歲，從他發出了靈魂吼叫「日本啊！要做個像樣的國家！」的身姿中，恐怕不止我一人感到了與提出三分天下之計的諸葛孔明齊名的軍師龐統，以及習得塚原卜傳直傳的「一之太刀」的第十三代足利將軍的劍豪氣概。

他這一生很可惜，真希望他能更加活躍於世界舞臺上，甚至是取代社會黨前黨首村山首相成為日本的總理。但願日本能始終成為台灣的依靠。

二〇一四年二月十八日　幸福科學集團創始人兼總裁　大川隆法

第一章　日本啊！要做個像樣的國家！

——來自台灣前總統李登輝守護靈的訊息

二〇一四年二月十三日　李登輝守護靈的靈示

李登輝（一九二三～）

台灣（中華民國）的政治家、農業經濟學家、前台灣總統。出生於日本統治下的台灣，後來進入了日本京都帝國大學農學部，但期間以學生身份出征。在戰爭結束後，他轉學進入了台灣大學農學部就讀。畢業後，又前往美國康乃爾大學就讀，並取得了博士學位。此後，他開始進入政壇，歷任臺北市長等職位後就任台灣總統。一九九六年，他成為中華民國史上首位由公民直選產生的總統。很擅長日文的親日派。著有《台灣的主張》、《最高領導者的條件》等眾多日文版書籍。

提問者：＊按提問順序排名

里村英一（幸福科學專務理事〔文宣、市場企劃擔當〕）

及川幸久（幸福實現黨外務局局長）

藤井幹久（幸福科學國際本部國際政治局局長）

（以上均為收錄當時的職位）

一、召喚前台灣總統李登輝的守護靈

知悉「日本殖民地時代的台灣」的李登輝前總統

大川隆法：現今日本面對著各種的外交問題。其對象主要是中國、韓國和北韓。當然，直接面對這些國家也是很重要的。但今天我想要換個地方，聆聽來自台灣方面的意見。

許多年前，我就一直想要聆聽李登輝前總統守護靈的意見，但始終未能實現。而今天（二〇一四年二月十三日），我就要來收錄他守護靈的靈言。

他現在九十一歲，目前仍然健在。

台灣和韓國、北韓一樣，都曾是日本的殖民地。那麼，當時的日本統治是何種狀況？日本軍人又是如何呢？

他比那些自稱為「從軍慰安婦」的人們，還要稍微年長。因此，做為「當時代的人證」，他應該知悉全部的事實真相。他雖然接受過日本的教育、具備日式的感覺，但應該有著和日本人不同的看法。

此外，對於中國、韓國、北韓等國家，他也必定有著自己的意見。對於日本，他應該亦有著建設性的意見以及批判性的部份。

因此，我認為他的想法將會成為非常寶貴的意見。

一般來說，他被視為親日派。而且，他日語說得比中文還要好。據說有人聽到他和他太太坐飛機時，兩個人是用日語交談的。但中文似乎比較沒那麼好，台語就講得很流利。

他曾上過台灣日據時代的國民小學，並於此時開始學習日語的。

從台灣的國高中部畢業後，他進入了日本京都大學，之後就讀了台灣大學，又到了美國康乃爾大學讀書。他會說日語、英語以及台語，而且日語造詣比日本人還要高。聽說他很喜歡閱讀西田幾多郎的書。對於現代的日本人來說，西田幾多郎的書屬於非常難讀的書。

收錄靈言的前一天晚上，韓國總統朴槿惠的生靈出現了

大川隆法：昨晚（二〇一四年二月十二日）我看了幸福科學的網路節目「The Fact」約十五分鐘的Youtube最新影像。

其中報導了韓國的文化部長前往了法國的「昂古萊姆國際漫畫節展」，宣揚韓方展出的描繪日本從軍慰安婦的作品。若用他們的話來講，則是宣揚當時日本從軍慰安婦的「惡行」。然而，日本在場想要進行反擊，卻被主辦單位認為是「政治宣傳」，進而被撤掉攤位。

「The Fact」對於這起事件進行了追蹤報導，並批判了韓國在美國各地所豎立的「從軍慰安婦的少女銅像」。

觀看完影像後，或許就因為我想要降下李登輝先生的靈言，結果在睡

前韓國總統朴槿惠的生靈竟然就出現了。

從就寢之前開始，我就感覺頭頂被蓋住了些什麼似的。一播放「正心法語」（幸福科學的根本經典），果不其然朴槿惠就現身了。她的生靈說到：「今天絕對要前來阻擾收錄靈言！若是讓李登輝講話的話，他準沒什麼好話。他講的內容對韓國絕對不利，所以我不希望他發表意見。不如讓我來說好了！」但我跟她說：「有很多人想要跟妳挑戰，所以請妳再等一下」。為此，我一個晚上夢中都是這些內容。

但朴槿惠總統現在的主張究竟是正確的？還是不正確的？李登輝先生都曾親身經歷過。他的哥哥被祭祀在靖國神社中，所以他本身也曾來日本參拜過。他和朴槿惠總統或許有著不同的想法。雖然他本人是一個基督徒，但只要來到了日本，他就一定會去參拜靖國神社。

而朴槿惠是畢業於「韓版」的聖心女子學院（耶穌會的聖心女子中學・聖心高中）。她雖然也是基督徒，但兩人的想法卻有很大的不同。

當時的「日本殖民統治」到底是何種狀況？「日本軍」又是如何？「日本

的教育」又是怎樣的？今後日本的「外交」應該如何自處？
對於這些問題，我想聆聽一下李登輝先生的意見。

前往韓國道歉的村山富市前首相

大川隆法：前天（二〇一四年二月十一日）村山富市前總理被韓國在野黨叫去了韓國。只見他拼命地進行道歉，並且說到「村山談話並非是他個人的意見，而是內閣滿場一致的意見。那亦是全日本的意見」。本來他今天還想要面見韓國總統，但因為其份量不足，所以只能要求面見韓國總理。

總之，日本前首相是前去韓國道歉的。最近有兩位日本前首相，真是不甘寂寞（注：於二〇一四年二月九日舉行的東京都知事選舉中，細川護熙前首相獲小泉純一郎前首相的力挺宣佈參選，但最終落選了）。村山前首相已經八十九歲了，卻還是很有元氣。

此外，前副總理河野洋平也還健在。這兩人必須一起引退才行啊！若是太有元氣的話，真是讓人很傷腦筋啊！

召喚前台灣總統李登輝先生的守護靈

大川隆法：那麼，現在我就來呼喚李登輝先生的守護靈。請各位提問者務必要詢問他對於各種事情的想法。他或許對日本有所期待，亦對日本有嚴厲的意見。

（合掌，瞑目）

接下來，我要召喚台灣前總統、偉大的政治家李登輝先生的守護靈。

李登輝總統的守護靈啊！請您降臨幸福科學的總合本部，揭露您的本心，並告訴我們日本的應有之姿以及日本過去的樣貌。對於其他的國際情勢，您若也能賜與我們意見就再好不過了。

為了日本的人們，我們由衷地盼望您能講述正確的歷史認識和想法等等。

李登輝總統的守護靈之光，流入、流入、流入、流入。

（約十秒鐘的沉默）

二、對於韓國總統朴槿惠感到「太羞恥了」

僅憑本能衝動行事的朴總統，表現出了「韓國的人才不足」

里　　村：早安。

李登輝守護靈：嗯。

里　　村：您是李登輝前總統的守護靈嗎？

李登輝守護靈：我是啊！既然都被你們召喚來了。

里　　村：此次真的是非常光榮！

李登輝守護靈：嗯。

里　　村：日本有很多人非常尊敬李登輝前總統。今天非常感謝有此機會，能夠向您請教過去的歷史、國際整體局勢、日本該走的路以及日台之間的關係等。真的是非常感謝您！

李登輝守護靈：我可是有許多話要說，你們得好好地提問啊！

里　　村：好的，我知道了。因為時間的關係，那我就直接切入主題吧！

李登輝守護靈：嗯。

里　　村：過去曾與台灣一樣，同處於日本統治下的韓國，其朴槿惠總統的反日外交最近變得越來越激烈了。甚至可以說「已經過火了」。

李登輝守護靈：嗯。

里　　村：然而，觀看北韓的現狀，究竟她現在這麼做到底是否是正確的呢？對此，或許每個人都持有不同的看法。請問您是如何看待朴總統的反日外交的呢？

李登輝守護靈：好險我沒有娶像那樣的女性啊（會場笑）！她真的是惡女啊！

里　　村：惡女！

李登輝守護靈：她既任性，又沒有理性，僅憑本能而衝動行事啊！

里　　村：是。

李登輝守護靈：所以說，她根本就沒有做總統的格啊！她的當選就只是因為她父親曾是韓國總統罷了。但同時，這也表現出了韓國的人才不足吧！

里　村：是。打著反日旗子的可悲韓國，究竟缺少了什麼？

李登輝守護靈：真的是太羞恥了！做為一國的領袖，她實在是太羞恥了！我估計她是一定會下臺的。

她把自己的無能，全都怪罪給數十年前的日本。但韓國現在的所有問題，還不都是自己搞出來的嗎？

說什麼「七十年前如何又如何……」！但台灣也同樣曾處於日本的殖民統治下，卻沒有像韓國一樣怪罪日本。包括我本身在內，我們都認為「日本是個優秀的國家」啊！我們都很感謝日本呢！

里　村：是啊！

李登輝守護靈：嗯。當時的統治方針，兩國之間並沒有什麼不同呀！不過，「對此作何感想」則是國民性的問題，或者說是政治家的資質了。總之，她真的是太羞恥了！

韓國國內也抱有一堆的問題啊！現在韓國想要將這些全都怪罪給日本，認為「只要打著反日的旗子，國家就能夠團結起來」。然而，這和希特勒的納粹主義有何不同呢？跟排斥猶太人的運動也毫無二致吧？反倒是他們老想把日本的軍國主義，塑造成希特勒的納粹主義吧？韓國就是這樣吧？他們以為這樣就能解決國內所有的問題嗎？實在太過份了，真不像話！

就算是怪罪日本，也還是無法解決問題啊！看看歷代卸任的韓國總統，沒有一個有好結果的。不是自殺，就是被逮捕，要不就是被殺害，盡是這些下場啊！簡直都沒有好下場啊！實在是太羞恥了！

韓國人確實是沒有真正的自信。這真的是不行啊！

那些沒有自信、自尊的人，是無法對他人心存感謝的。反倒是全都怪罪他人，不是嗎？

在同一對父母的養育下，兄弟也是會不一樣的。既有哪怕對於細微之事，亦抱持著感謝之心的孩子；也有不管怎麼好生照顧，還是憎恨父母的孩子。這得要好好地分清楚兩者的差異。

對於極力促進台灣發展的日本，表達由衷地感謝

李登輝守護靈：當日本統治台灣之時，是毫不吝惜地將一流的人才派來了台灣啊！好比說，將兒玉源太郎大將派來了擔任台灣的總督。後藤新平市長也是一流的人才。此外，還派來了曾任職過聯合國祕書長的新渡戶稻造。這些具日本人代表的一流人才，讓台灣獲得了極大地發展和繁榮。另外，或許連日本人也不知道，還有一個叫做八田先生的技師……

里　村：是八田與一先生嗎？

李登輝守護靈：對，是八田與一先生！此人在台灣比較有名氣，日本人可能誰也沒有聽聞過。他曾建了水庫以及輸水管道，為了台灣這個國家的發展，做了許多基礎建設的工作。對此，我們真的是感激不盡啊！雖然韓國人現在拼命地在侮日、反日，說什麼「日本人歧視人種，把他國的人們視為奴隸」。但事實上，絕對沒有那種事！我當時（日據時代）讀的小學，老師有三分之一是台灣人。雖然是用日文來上課，但那些台灣人的老師，絕對沒有被當成奴隸啊！怎麼會有奴隸的事情發生呢？

缺乏「正確的歷史認識」的韓國

李登輝守護靈：而且，不只是台灣人，連朝鮮半島的韓國人、北韓人，也有許多人在二戰中曾做為日本軍進行戰鬥。當時的日本海軍兵校、陸軍士校和其他的軍校，入學率都非常地低，所以能考進去就是一種的名譽或者說地位。因此，當時的人們都很嚮往成為日本軍人。

但如今韓國卻翻臉不認帳，反過來說自己是被強迫的。因此，缺乏「正確的歷史認識」的，正是韓國自己。

當然，在戰爭結束之前，我也曾有過日本的軍籍，接受的亦是日本的教育。但當時的日本軍人的素質，真的是世界最高水準啊！世界上再沒有如此水準的軍隊了。

里　村：關於這方面……

李登輝守護靈：他們真的是頭腦又好、身體也訓練得很強壯，而且道德意識也非常地高尚。當時非常受到日本國人以及殖民地人們的尊敬啊！

此外，不管是從朝鮮半島來的人，或者是像我一樣來自台灣的人。一旦進入了軍校、或者是擔任軍職之後，就會得到一般士官的待遇。

總之，日本人是非常公平的，而絕不是像歐美人一樣的歧視主義者。

因此，韓國人想要顛倒是非、擾亂試聽，這絕對是難以原諒的暴行啊！他們實在太欠缺足夠的歷史認識了！

里　村：原來如此，是韓國的朴總統欠缺足夠的歷史認識啊？

李登輝守護靈：她對於歷史太無知了！只想完全隱藏對自己不利的事情，裝作不知情地全都怪罪給日本。

里　村：是啊！

李登輝守護靈：而且，不只是過去很羞恥，現在也很羞恥。韓國之前也不是一個獨立國家啊！長久以來他們都是中國的屬國，一直都在向中國朝貢諂媚。每年將兩千位美女送往中國的，是韓國自己啊！他們原本就有著那種文化啊！但日本可不會這麼要求啊！日本才不是這種國家呢！總之，韓國將自己曾做過的事情，現在全都怪罪給日本。這實在是太卑鄙了！無法原諒啊！

里　村：是啊！

三、強行帶走從軍慰安婦純屬無稽之談！

從所屬日本軍的經驗中，得出「對於日本的真心話」

里　村：聽到您方才提到的有關日本統治時期的內容，其中有一個具體的事例。那就是現在韓國朴總統所說的「從軍慰安婦」的問題，即「從軍慰安婦被日本軍強行帶走，做為性奴隸而被殺害……」。

李登輝守護靈：韓國這個國家，居然講出這種荒謬的話！真的讓我感到很意外！對此，有良心的人竟然也不提出反駁，我實在是感到非常遺憾啊！說什麼「有二十萬人被強行帶走，附屬於軍隊？日本人甚至還注射了鴉片，對少女連續暴行？」

里　村：是。

李登輝守護靈：講出這種話的人，都應該被日本刀砍劈才行！這種人絕不可饒恕！我做為一個曾所屬日本軍的人，可以斷定那是不可能的事！那種事情絕對沒有發生過！

對於祭祀於靖國神社的……（眼中泛著淚水）你們的祖先，你們必須得向他們懺悔才行！

里　　村：是啊！

李登輝守護靈：不懺悔不行！

里　　村：明白了！

李登輝守護靈：他們可是為了國家，拼命戰鬥、犧牲奉獻的人們。

我們台灣人雖然曾處於日本的殖民統治下，但正是托日本的福，才使戰後的台灣能夠非常的富裕、安定、和平。直到被中國支配之後，狀況就變得很糟糕了！

當時台灣和中國（北京政府）的經濟實力越拉越大，所以鄧小平就決定不再一味歸咎於日本，進而改變了經濟方針吧？

所以說，當時日本所做的是正確的！

現在的香港也是一樣。香港人總是說「鬥牛犬走了，來了豬」。其中的「豬」，就是指中國人；而「鬥牛犬」，則是指英國人。換言之，「把英國人趕走後，北京政府的中國豬就進來了」。由此，香港的「言論自由」變得越來越少了。香港的人們已拼盡全力，想要守住如此權利。雖說「五十年間不改變制度」，但這只是嘴上說說而已。自由其實早就被侵蝕了。中國講的話沒有信用，所以香港已經是戰戰兢兢的狀態了！

日本軍或者說日本政府教導我們的是「法治主義」、「法治國家」。然而，北京政府所實行的卻是「人治主義」，不是法治主義，而是人治主義，是人治國家。政府想怎麼做就怎麼做，可以自由地判處人們。中國就是這般的國家啊！想殺就殺、想肅清就肅清，言論也是任意箝制！我們可不認為「台灣是被日本做了壞事」！

台灣的人們雖然也有人參加了戰爭，但可都是抱持著「使命感」的啊！亞洲的菲律賓被美國統治、印尼被荷蘭統治、緬甸被法國統治、印度被英國統治，過去亞洲人似乎理所當然地要被白人給支配。

中國雖然老是說日本的壞話，但當時中國繼鴉片戰爭之後，也是處於被歐美各國蠶食的狀態。然而，為何中國老是攻擊日本呢？怎麼從沒聽過中國批判歐洲？

對於自己過去羞恥的歷史，必須要有正確的歷史認識才行啊！

抱持著「天命」而戰的日本，應成為一個毅然的國家

里　村：您方才講述了許多熱切的話語，但我認為問題的根本即在於「該如何看待大東亞戰爭」。

要將這場戰爭認定為「日本人野蠻之心所發動的侵略戰爭」呢？許多日本國內的政治家、媒體，都持有如此觀點。還是將其視為一場「為了解放殖民地的戰爭」？

對此，請問您是如何看待的呢？

李登輝守護靈：我認為當時的日本抱持著一個偉大的天命！

里　　村：是。

李登輝守護靈：嗯，我認為當時的日本是抱持著天命而戰的！

朝鮮半島的人們，現今雖然如此惡口說日本。但日本可是將能成為太子皇后的人，送去朝鮮給皇太子當妻子啊！因此，日本怎會是性奴隸的國家呢？日本對待朝鮮王族，和對待日本天皇是一樣態度的啊！總之，日本和歐美是不同的！美國可以持續數百年，把非洲人當做奴隸來使用，但日本不是這樣的。

美國以為「日本人也遂行了和自己相同的勾當」，所以就透過自己的懺悔之心，建立了從軍慰安婦的紀念碑。但日本人應該為從軍慰安婦懺悔嗎？開什麼玩笑！美國對歷史也太錯誤認識了吧！美國對歷史的學習想必是嚴重不足啊！

所以說朝鮮半島的人，實在是太狡猾了！

將自己做過的壞事全都隱匿起來，然後把錯都怪給日本。他們只有對日本這麼做吧？就因為日本即便被說了壞話，也不會去反駁、亦不會攻擊回去。

換做是美國的話，或許就會攻擊回去。若是講中國壞話，中國恐怕也會反擊回去。對北韓挑釁的話，對方也勢必會有所反擊。但唯有日本不會反擊。若是對日本講了壞話，日本的總理大臣還會陪笑，之後就是要求日本賠錢了事。

因此，我希望日本能成為一個毅然的國家！

為了討好中國……，應該說是中共吧！

里　　村：是的。

李登輝守護靈：為了討好中共，日本和中國恢復了邦交，進而不再將台灣視為一個國家，甚至還曾拒絕我入境日本。但日本做為一個獨立國家，應該要好好地自主判斷啊！日本必須要變得更強大才行！

日本人啊！快點找回「武士道精神」吧！

里　　村：對於日本人及日本的政治家從不做出正面反擊，您是怎麼看的？

李登輝守護靈：日本人已經完全喪失了「武士道精神」！

這七十年來，武士道精神已全然消失了。對此，我實在是感到非常悔恨！我真的很希望日本人能快點做回日本人！安倍先生也說「要找回日本」，真的是得快點做回日本人啊！日本可是東洋之鑑啊！因為唯一能與歐美抗衡的國家，唯有日本啊！

日本曾是亞洲的希望。正因為向日本人學習之後，我們才能變好的。

因此，我實在不願看到日本的政治家變成那般卑怯的人！

我也不想看到日本的左翼份子如此這般地經營國家，到處對外國進行謝罪外交。我所認識的日本人，原本都是很優秀的！

或許他們曾在戰爭當中戰敗了。但在中國的歷史當中，也是有時贏、有時輸的。當國家內部出現動盪之時，本來就是時勝時輸的。所以日本國民的精神狀態，必須要加以改變才行！千萬不能否定自己的歷史！

向崇拜安重根和李舜臣的韓國，追問其「歷史認識」

李登輝守護靈：我想要對那個朴槿惠總統說「妳把安重根視作英雄，並且立碑紀念。很坦白地說，他可是恐怖份子啊！安重根暗殺了『反對日本合併朝鮮』的日本第一代總理伊藤博文，之後妳還在中國為這個恐怖份子立碑紀念（注：中國接受韓國的要求，在哈爾濱車站開設了安重根記念館）。我想問問妳，到底是誰對歷史認識不足啊？」

如果是美國的林肯或甘迺迪被外國人暗殺，這個國家還將此人視為英雄的話，那是絕對不會被饒恕的！也是絕不可能饒恕的！

一旦殺了如此有德之人，那就是恐怖份子，而絕不是英雄！

除了安重根以外，還有之前的李舜臣也被立了雕像吧？

里　　村：對，是李舜臣。

李登輝守護靈：當時李舜臣擊退了出兵朝鮮的豐臣秀吉，所以才會被視為英雄。但實際上卻並非如此。原本是朝鮮遭到了秀吉軍的攻打，因而締結了休戰條約。正當日本軍返回日本時，卻有人從後方突襲追殺而來。那個人正是李舜臣。

那種丟臉的傢伙，韓國竟然還視之為英雄！從這裡就可以知道，韓國多麼缺少英雄！他們有的僅是恐怖份子，實在是太羞恥了！

客觀地評價「廣開土大王」和「豐臣秀吉」

李登輝守護靈：有齣韓劇叫做「太王四神記」，捧紅了裴勇俊。現在金正恩自稱自己就是廣開土大王。換言之，是那齣戲讓他興起了，要一口氣攻往釜山拿下韓國的企圖。但即便如此，也必須要對廣開土調查一下才行啊！雖然連續劇拍得那麼美，情節設定得非常圓滿。但實際上，我認為他極有可能是非常殘虐的人。正因為他們對於自己的歷史沒有什麼自豪之處，所以才會把他人都視為惡人。

反之，儘管豐臣秀吉曾攻打其他各國，或許有著非難的一面。但對於日本而言，他也算是太平洋戰爭中的先驅。並且客觀地來說，他是從非常低俗的身份，一步一步地爬到了上位。所以說，他是相當了不起的人！若是美國人看到了如此故事，想必一定就會知道「此人絕非泛泛之輩」。

不過，他們有人種歧視的傾向，認為「黃種人當中不可能有偉人出現」，所以對日本帶有偏見。但我希望日本要成為「東洋之光」！

日韓女性前去應徵「慰安婦」的理由

及川：請教您如此的問題，我實在是感到惶恐。但我真的很想請教您，關於慰安婦的歷史認定的事情。

現今的「從軍慰安婦」問題，皆僅是憑藉那些原本是慰安婦的證言。然而實際上，當時的慰安婦不僅有台灣人，還有大量的韓國人（朝鮮人）。那麼，實際的情形到底是如何呢？

李登輝守護靈：實際情形就像NHK的籾（ㄋ一ˇ）井新會長所言，因為有那方面的需求，所以在歷史上世界各國都有那種的賣春行業。不單單是日本，世界各國都是存在的。

但問題就在於「當時是否有國家權力介入，將中上流階級的女兒強行帶走，成為軍人的慰安婦？」但所謂的賣春行業，實際在蘇格拉底之前的時代就已存在了。存在是存在，但日本可沒現今的韓國那麼嚴重。但問題就在於當時是否是藉由軍令，被迫冒著生命危險去做的吧？

對此，答案很明顯地是「否定」的。就像你們所調查出來的那般，當時有業者募集想要賺大筆皮肉錢的人。因為那是可以賺很多錢的工作，所以就有很多人前去應徵了。

除此之外，還有另一個觀點。比如當時有所謂的敢死特攻隊，日本的女性為了安撫那些「為國家奉獻已身，到了明天就沒有了生命」的特攻隊的人，而自願前去慰安。

因此，這些日本女性絕不是賣春婦！日本的女性實在是不忍，那些二十幾歲的人們啊！實在是（聲音沙啞），真的是太可憐了（淚眼汪汪，聲音梗塞）！所以說，怎麼可以汙衊這些年輕人啊！

四、如果日本沒有挺身奮戰的話，亞洲會變成怎樣呢？

做為獨立國家去靖國參拜的「應有之姿」

及　川：現今在日本靖國神社當中，不只是供奉著日本人，您的哥哥也被安置於其中。

李登輝守護靈：（聲音哽咽）是啊！因此，這等於是我哥哥也被汙辱了！我絕對無法接受外界說「他們是殺人鬼、不是人」！絕對無法接受！

里　村：從如此觀點來看，您認為去年年底，安倍晉三首相前去參拜靖國神社是理所當然的嗎？

李登輝守護靈：（帶著哽咽聲）當然是應該的啊！但他也是在你們生氣後才去的吧（參照《吉田松陰是如何看待安倍政權的？》幸福實現黨出版）？但我希望他應該更毅然地參拜才行！

我只要來到日本，就一定會去參拜靖國神社。日本做為獨立國家，有什麼好忌憚的？真的是很屈辱啊！

現今日本人的態度，真的是對不起那些為日本、為亞洲而戰死的人們啊！真的是太羞恥了！

不只是首相，我也想要對天皇、皇后說「為何不直接去靖國參拜，而是借武道館的場地獻獻花而已呢？」那些可都是為了天皇陛下而去赴死的人們啊！所有人都是高喊著「天皇陛下萬歲」而去赴死的啊！你們怎麼可以否定他們呢？

你們怎麼可以為了自己能活命，而老是看美國人的臉色行事呢？那些人都是相信天皇，因而才去赴死的啊！

如果日本沒有挺身奮戰的話，現在印度都還是英國的殖民地啊！不是嗎？恐怕至今仍處於貧窮的狀態，持續被搾取、強奪物產，要求持續生產出紅茶，並且被當作奴隸使用。總之，肯定是和現在的非洲一樣啊！但現在英國變成了如此小國，而印度已發展成這麼大的國家。這都是日本人拼死換來的啊！

所以說，怎麼可以如此輕蔑日本呢？

世界五大強國之一的日本和「二戰的真相」

及　川：日本過去解放了亞洲，好比說印度、新加坡、菲律賓、印尼等國家。雖然各有時間差，但為了讓世人重新評價日本，要怎麼做才好呢？

李登輝守護靈：像我們這些知道當時情形的人，皆已經陸續地離世了。韓國那些八十幾歲的慰安婦，都是比我還年輕的人啊！因此，她們所說的有違事實的話，我們可是知道的。

她們都是去賣春的啊！怎能信她們的片面之言呢！日本不也是講求證

據的嗎？又怎能只相信那三個人（自稱慰安婦的人）的話語呢？

我絕不會原諒村山（日本前首相）這個跑去韓國道歉的偽善者！他希望人們認為他是善人，所以才這麼做的。

他以為韓國是弱者，但不可不知韓國其實是詐騙團體啊！那些要求賠償的慰安婦後面，可是存在著國家力量啊！其背後有著國家的詐騙勢力啊！因此，對於這股勢力，必須得強硬起來才行！

過去的日本人，可都是很優秀的啊！特別是從海軍兵學校或者是陸軍士官學校畢業的人們，都有著比現今東大畢業的人們還要崇高的尊嚴啊！他們頭腦又好、體格又壯，皆是非比尋常的人啊！從如此意義上講，他們真的是非常地優秀，而且還散發著德行之光！

自明治維新的改革之後，日本便變成了一流國家，領先於歐美諸國。從大正時期開始，日本就擠身了世界五大強國。

此外，日本既破了清國、俄國，又與美國航母對決了將近四年。當時德國與義大利都沒有幫忙，是日本獨自一國戰鬥的。

當時美國已經奪取了夏威夷、菲律賓。如果日本沒有挺身奮戰的話，現在會變成怎樣呢？我想不管是滿州、中國或韓國，無疑都會成為美國的殖民地。或者說，絕對只有被美國拿下的份。

因此，美國一定很懊悔「被日本從中作梗」。

在明治維新時，美國因南北戰爭而疲憊，在搶奪殖民地上晚了一步。

因此，能搶奪的國家幾乎都被搶光了，沒剩下什麼好地方。

然而，美國也不可能找歐洲下手，所以就只能從日本手上搶。這才是美國的真實想法。

五、「集團自衛權」是議論之前的問題

如何看待「集團自衛權」的問題？

藤　井：我還想請教您有關東亞安全保障的問題。您曾以日文寫了許多著作，其中有一本解說「武士道」的書籍。

您方才稍微提到了「武士道」，理由想必是在於「作者新渡戶稻造當時在統治台灣時期，曾做了非常大的貢獻」。或許您的心願是希望「日本人能再次找回武士道精神」，所以才會在那些書中寫了那般內容。

而現今，安倍政權正在議論日本的「集團自衛權」的問題。這不只是對日本，對於台灣也是非常重大的議題。對此，您抱持著何種意見呢？

李登輝守護靈：安倍先生想要透過釋憲，來合法擁有集團自衛權。但聽說日本的左翼分子認為「此舉即是違憲」。然而，這根本是違憲之前的問題。

這是一個做為獨立國家的問題，或者說獨立性的問題。不管哪個國家，都有權利保護自己的國家。不管憲法是如何，一個獨立國家保護自己的國家是理所當然的！

為此，日本就必須要想盡所有方法才行。對於現今的日本人，我實在是感到太遺憾了！這七十年來持有的喪家犬性格，也應該要加以轉變了。若是更早一點……。嗯，一定是有哪個地方出錯了。當時吉田茂擔任首相的時間有點太長了。若僅是戰後的過渡時期，那也還好。但問題就在於，此人的影響時間太長了。

因此，集團自衛權根本就不成問題啊！日本想怎麼防衛有什麼問題嗎？什麼集團不集團的，根本就是次之再次之的問題。日本想怎麼做，就怎麼做好了。

若是韓國再亂放話，日本就創立海軍直接登陸韓國就好了。要不就直接挑明說「你們若再亂放話，我們就發射飛彈。你們要試試看嗎？」或者是日本和金正恩聯手夾擊韓國，之後再擊倒金正恩。日本可是一個獨立國家啊！因此，就算這麼做也無妨的。如果韓國再任性的話，日本就可以放話要與金正恩夾擊韓國了。

戰後的體制實在是太卑鄙了！特別是媒體，只是一味地在遠處猛吠，自己卻什麼責任都不負。

總之，集團自衛權根本就不是問題。日本有自己的國防武力，自己做判斷就可以了。根本不需要美國的許可，也不需要和美國聯手。美國也是共和黨、民主黨，政權一直換來換去的。因此，若是不爽美國的態度，日本依自己的想法去做就好了！

竹島和尖閣諸島，無疑都是日本的領土

李登輝守護靈：此前，韓國前任總統（李明博）還搭直升機，前往了竹島激勵士氣，並宣示主權。呿！你們也趕快登島啊！那是日本的島嶼啊！這我可是知道的！那本來就是日本的島嶼！跟韓國沒有任何關係！

那是在日本還沒有自衛隊時，被韓國單方面竊取的。韓國可是心知肚

明的！那和日韓合併沒有任何關係。在明治時代以前，竹島就是日本的領土。但凡學過歷史的韓國人，對此都是知情的。許多人都知道「是韓國自己在說謊」。不過，後來李承晚畫了條線，就說「竹島是韓國的了」。

而現今，中國就是在模仿韓國啊！自己單方面說什麼「防衛識別圈」、「防空識別圈」，或者是「中國核心利益」「中國的領土」，這不就是在學韓國嗎？尖閣島也是日本的領土啊！這是毫無疑問的！因為那本來就是日本的領土！因此，擊沉那些偽裝成漁船的中國軍艦，在國際法上一點問題都沒有！

必須要給那些貪婪的強盜一點顏色才行！自己有那麼大的領土，還要持續搶奪其他民族的土地。不僅如此，還虐殺其他民族。全世界還拿中國沒辦法。到底要放任這樣的國家，直到多久啊？

中國還想拿下台灣啊！台灣已持續被併吞了。若是日本再不奮起，我們就很頭痛了。

六、當今中共是「非法政權」

台灣、韓國和美國，都已被捲入中國的擴張主義

里　村：就在大前天（二月十一日），台灣和中國進行了睽違六十五年的官方對談，雖然日本媒體只做了正面的報導，稱之為「融和的對談」。對此，您有何看法呢？

李登輝守護靈：讓中共再繼續強大下去，那還得了啊！

中國的企圖是想要自由地支配香港。既能從中獲得經濟利益，又可以對香港人進行對於歐美看法的洗腦。

當然，中國也想獲得台灣的繁榮利益，並且還覬覦著韓國。但朴槿惠還一味地親中，不知中國又想著將韓國占為屬國。

若是她看不出中國的霸權主義的話，那就真的太不像話了！

里　村：從您的角度來看，習近平是非常危險的存在嗎？

李登輝守護靈：不是危險的存在，他根本就是「原始人」啊！他是完全沒有國際觀的原始人，並且僅憑本能採取行動。

他是古代那種很典型的中國人。我想他可能是想要成為秦始皇吧！真的很像是兩千年前的人啊！

里　村：這樣說來，這個「原始人」的面前存在著台灣，而此人想要一步一步地拉攏台灣。這對於台灣的未來……

李登輝守護靈：台灣那些搞政治、做生意的人們，現在可復活了。中國貿易的商機變得越來越大了。

因此，中國讓人感覺有著很多的機會。最後就連台灣自己也變得無法抵抗，而只能被中國吸收屈服。那些年輕的政治家、商人，都被如此利益給牽著走。韓國亦是如此。

即便是美國，現在也開始拼命地想要和中國做貿易生意。

若是美國捨棄了原則、只追求利益的話，那美國就完蛋了！歐巴馬已經說過「要放棄做世界的警察」。若真是如此的話，那麼受世界尊敬的美國也很快會消失了。

然而，美國必須要重新找回原則才行啊！

美國有著「使中國壯大的罪」

里　村：這正是我想要請教的問題。在一九九〇年代、即民主黨克林頓總統的時代，正值台灣大選之時，中國江澤民在台灣海峽舉行了飛彈演習訓練。對此，美國派遣了航母進行反制。相較於此，現今歐巴馬的態度有了很大變化。對此，您是如何看待的？

李登輝守護靈：其實克林頓也有著「使中國壯大的罪」。他輕視了日本，即因為他不滿日本泡沫時期的大發展，而且在經濟上幾乎要超越美國了。因此，他就試圖讓日本走向衰退，進而抬高中國，讓日中之間展開競爭以便削弱日本的經濟利益。所以說，事實上克林頓是有罪的。不過，當中國壯大後想要對台灣出手時，他又派出了航母進行反制。這就是美國經濟和政治的不同之處。在政治上，美國展現了維護自由主義的氣概。

台灣雖然只有兩千數百萬人口，但卻持有著五十萬人（二〇〇〇年代以後，已將兵力減半）左右的軍隊。因此，在作戰方法上，台灣應該沒有那麼容易被占領的。

但是，中國現在試圖用經濟利益，拼命地拉攏台灣。一旦台灣失去了自由的話，經濟上的繁榮就會立刻走向死亡。對此，我是很明白的。因此，你們最好明確指出「毛澤東政權以後的中共，是非法政權」。

里　　村：非法政權？

李登輝守護靈：那當然是非法政權啊！

里　　村：是。

七、想要對捨棄台灣的日美所說的話

日美屈服於中國的代價太大了

藤　井：方才您提到了日本戰後的外交史上，吉田茂出了很大的問題。七〇年代之後，從田中角榮內閣開始就推動日中邦交恢復，從保守派的立場來說，皆強烈認為時機太早，或者是太過於親中。就日本應有的外交立場而言，本來應該是訴求「日台的邦交樹立」，或者是幫助台灣再度加入聯合國。對於現今日本的態度，您是如何看待的呢？

李登輝守護靈：只有兩千數百萬的國民，就不算是一個國家嗎？世界上沒有這種人數的國家嗎？

北韓的人口，也只有兩千多萬吧？北韓也是聯合國成員國吧？不是嗎？因此，只有兩千多萬人口的國家還有很多。台灣也有著獨立的政治和經濟體制。

美國和日本在與中國恢復邦交之時，屈服於中國要求「必須與台灣斷交」的壓力，而取大捨小。但這樣下去，等中國的經濟、GDP變得巨大後，日本也有可能會被捨棄。這也是必須要考慮到的問題。許多美國的政治家都有著如此想法。

然而，怎麼可以用人口來評定是否為國家呢？希臘雖然很小，但也是一個國家啊！義大利雖小，也是國家啊！比荷盧三國（比利時、荷蘭、盧森堡），這些也都是國家啊！此外，蘇聯瓦解之後，也分成了好幾個共和國。在如此意義上，我當時真希望日本能再加把勁啊！但結果是，日本和美國都和中國恢復了邦交。季辛吉其實也有些左翼的部分。

我想他最終還是同情中國的。當時中國經濟是非常落後的。毛澤東的大躍進政策，徹底地失敗。這個只懂農業和軍事的人，把全部預算都花在了軍事上。只要人民耕農，但卻完全富裕不起來。所以一味地擴張軍備後，導致嚴重的財政赤字而痛苦，最後還把過錯全都推給人們，肅清殺害了一大堆人。本來毛澤東應該要被裁罰的，但他巧妙地怪罪給他人，自己逃過了一罪。

美中復交，對於中國而言或許是好事。但其結果，卻養大了這個惡魔。本來美國應該是要警戒共產主義的，但託毛澤東以後的中共之「福」，後來引發了朝鮮戰爭、越南戰爭以及其他的一系列代理戰爭。

對此，我認為美國應該加以反省才行。

菲律賓和台灣，都希望日本能再加把勁

及　川：前年此地也請到了馬英九總統的守護靈（參照本書第三章）。

那時，馬總統認為「美國也是採取了迴避的態度」。他很擔心「若是美國棄守台灣的話，台灣就無法存在了」。

就台灣的立場上，您認為對美關係應該如何發展呢？

李登輝守護靈：在正式管道上，台灣尚未被認同是一個國家。但我希望能在國際上，

再次議論「這是否是公平的」。

台灣雖然不是大國，但至少有著能擠身先進國家的經濟實力和政治實力。因此，台灣應該可被視為國家。

中國總是對外界說「這是中國的內政問題」，鼓吹「實行一國二制的政策」、「中國反對一國主義」等等。然而，台灣從未被中國支配過，哪怕一次都沒有過。只要剛好位置很靠近而已。

如果說台灣是中國的領土，那麼沖繩也必然會變成是中國的。

此外，中國還有可能藉口說「大陸棚從過去都是連續的，所以日本列島以前也是接壤的」。最終日本列島也會變成是中國的。

對此，我們也必須提出「論破計畫」才行啊（會場笑）！

因此，希望你們能再加把勁啊！

現在得看美國的態度行事……，馬英九總統太年輕了，所以現在還沒有足夠的見識和力量。不過，他同時也感覺到了危險。

所以從這層意義上講，或許現在台灣和韓國的狀態很相像。

菲律賓也希望日本能再加把勁。若是日本能強大起來的話，台灣和菲律賓就都有可能做為國家而自主獨立。在江戶時期，日本曾一度實行鎖國政策近三百年。然而，即便對朝鮮半島和中國採取了鎖國政策，日本也不會崩潰啊！完全沒問題啊！

里　　村：這麼說來，您是認為日本不應該再依賴美國，而必須做為亞洲的領導奮勇向前嗎？

李登輝守護靈：倘若日本能化為一個真正的國家，那麼只要與日本維繫好關係，台灣就應該可以繼續生存下去了。

里　　村：是啊！

為了開拓日台未來的條件

及　　川：去年日本和台灣之間終於簽訂了日台漁業協定。那麼，日本政府下一步應該採取怎樣的台灣政策呢？

李登輝守護靈：若是日本應該謝罪的話，就不要為中國捏造出來的南京大屠殺，或者是韓國的詐欺慰安婦事件謝罪。當時日本和友好的台灣斷交，變得不承認台灣這個國家。對此，日本才應該向台灣謝罪！

日本官方應該對台發表聲明：「實在很抱歉！過去日本力量不足，屈服於中國的力量。讓相信日本的台灣各位感到悲痛，日本政府對此實在感到很遺憾！今後日本必將努力不再讓台灣有那般的感受」。

此外，「與中國維持良好關係的條件，就是今後中國亦必須採取台灣，或香港那般的政治體制。這是日本和中國恢復至今友好關係的前提條件。希望中國能有所改變」。

八、美國應該為進攻日本而反省

中國仍是被希特勒佔領的「人間地獄」

及川：接下來，我想請教有關「日本和台灣的未來」的問題。對於台日關係的應有之姿，妳有著怎樣的看法呢？

李登輝守護靈：中國有著十三億人口，但那裡真的是人間地獄！那裡從未進行真實的報導，所以很多人或許還不清楚狀況。中國對於鄰近的國家幾乎都出手了，可以說至今仍是一個被希特勒佔領的國家。

各位或許會認為「漢族即是中國人」，但漢族有時是中國的統治者，有時也失去過統治的地位。因為中國是極易改朝換代的。

譬如在元朝的時代，中國曾受到了蒙古的統治。因此，蒙古堂堂正正地自封為元朝。

被宋家三姐妹欺騙，連「滿洲國的真相」都不知的美國

李登輝守護靈：但日本的軍隊只不過是橫穿於中國而已。中國有什麼好不滿的呢？即便是對於滿洲國，當時日本也是儘量以禮相待。

里　村：是啊……

李登輝守護靈：對於中國滿州民族的歷史，日本人或許有些缺乏認識。中國經歷了明朝、清朝，然後才有了近現代中國。當時以「清」為國號，就是因為滿族統治了清朝。但後來遭到了漢族的驅逐，所以就逃到了北方的滿洲國。正因為得到了日本的守衛，所以才使滿洲國得以獨立、皇帝亦得以保全。總之，絕不能讓相信日本的國家，在此之後變得不幸！對於如此複雜的事情，美國是完全無法理解的。宋家的三姐妹僅憑一張嘴，就把美國騙得團團轉了。所以硬要我說的話，日本人也應該依循安倍政權所講的那樣，必須要培養更多的人，提高他們的英文口語水準。然後將他們派遣到美國，四處發表演講才行。

敗給毛澤東後逃到台灣的蔣介石，真的很麻煩

里　村：我想要詢問的問題，或許和國際關係有所不同。您方才提到了宋家三姐妹，實際上有傳言說「那三姐妹之一的、蔣介石的夫人宋美齡在您就任總統前，曾表示過反對的態度」。請問對於宋美齡女士，您是如何看待的呢？

李登輝守護靈：蔣介石也是敗給了毛澤東，所以才會逃亡到台灣的。但中國人實在是太麻煩了！他們不來台灣就好了！

台灣有些沒口德的人們總是說「在日本人的統治下時，遭到了『狗』的統治。當『狗』離開了以後，接著『豬』又進來了」。因為進入台灣的，是蔣介石等外省人（從大陸來的中國人）。

那時，約有二百萬外省人進入了台灣執牛耳。對此，人們便戲稱到「『豬』進入台灣了。將日本人比作『狗』，固然是很不好。但是做為看家狗，至少還發揮了作用。然而，『豬』是毫無用途的」……

將人比作「豬」的言詞，說出來的確不太好。儘管不是伊斯蘭教，但也不能說得太過火了。再後來，中國勢力又進入了昭和時期的香港。因此，香港人也說到「將『鬥牛犬』英國趕走後，接著『豬』便進來了」。所以說，中共即是「豬」。

現今全世界有半數的「豬」，都是由中共飼養出來的。不過這裡所指的「豬」，不是正面意義上可食用的豬，而是指非常骯髒的豬。

總之，他們真的很麻煩！

里　村：當時蔣介石和宋美齡從大陸來到台灣，竟然是個麻煩啊！

李登輝守護靈：他們應該在中國，好好地和共產黨打啊！當然，一方面是因為受到了美國的強大壓力。但另一方面，也是因為日本無法繼續維持政策了。確實也有這方面的原因。

美國節外生枝地對日進攻，妨礙了「中國的民主主義化」

藤　井：以前大川隆法總裁巡錫台灣演講（參考本書第五章）的時候，曾經提到過「中國正在走向台灣化」。

從宏觀的角度來看世界歷史的大劇本，對於台灣的民主化經驗，您也曾於著作中提到「台灣建立了中國統一的模型」。以前我們在收錄「孫文的靈言」（參考本書第四章）時，孫文先生也曾講過「他很希望像您這樣的人，來治理和統治中國」。

從更高的角度來看，做為中國走向民主化、或者說自由化的腳本之一，台灣也確實發揮了作用。對此，您本身有何想法呢？

李登輝守護靈：中國曾處於歐洲國家的殖民地統治下，整個國家就像蛋糕一般，被列強瓜分殆盡。所以基本上喪失了做為國家的體制。

因此，繼日本的明治維新後，中國也很想要發動改革運動。他們進行了各種嘗試，也出現了許多叛亂。

正如電影所描繪的那樣，孫文將據點設在了日本，亦曾登陸過香港。但他基本上都住在日本，受到日本人的庇護和支持。同時，他還獲得了資金援助，從日本發動了一場中國革命、即「辛亥革命」。

眾所周知，他所發動的辛亥革命，亦即是三民主義運動（民族主義、民權主義、民生主義）。這雖然不同於一般上歐美國家的民主主義，但無疑也是民主主義。

辛亥革命高舉著「以民為主」的三民主義。因此，打從中國建國以來，其實就應該是民主的國家。

但因為美國節外生枝地對日軍進行了轟炸，使日軍力量遭到削弱，被迫宣佈了無條件投降，所以中國的民主化才化為泡影了。

那時陸地上的日軍，還有著近兩百萬人，且全都是毫髮無傷的。所以說，日本本來是無需投降的。但美國透過原子彈和轟炸，迫使日本宣佈投降了。根據當時美軍的計算，為了佔領日本本土，美軍必須要犧牲一百萬人。否則就無法佔領日本。但即便是犧牲一百萬人，美國仍決定要佔領日本。

美國認為「哪怕是保留天皇制，也必須要迫使日本投降」。雖說日本宣佈了無條件投降，但實際卻並非如此。以保留天皇制、並延續擁戴天皇的國家體制為條件，才最終讓日本放棄了戰爭。換言之，「透過天皇的一句話，日本才投降的」。因此，陸地上的軍隊，也全部失去了戰鬥力。

俄羅斯須將非法佔領的領土，連本帶利地返還日本

李登輝守護靈：包括有名的瀨島隆三在內，約有六十萬日軍在俄羅斯領土被俘虜了。日本和俄羅斯之間，本來已經簽訂了互不侵犯條約。但當日本宣佈停戰之後，俄羅斯便突然前來佔領日本的領土。

此外，俄羅斯還俘虜了約六十萬日軍，並強制他們進行勞動。從西伯利亞鐵路到城市開發，有大量的日本人死於勞動當中。對此，俄羅斯必須做出賠償才行。從六十萬人被強行徵用、遭到俘虜及殺害的行徑來看，俄羅斯必須連本帶利地將北方四島返還日本。日本甚至還可以要求俄羅斯「將滿洲和樺太島一併返還」。這些地區根本就不該被列為俄羅斯的領土。

俄羅斯的領土，就僅限於莫斯科而已。我們亞洲的土地，本來是和他們無關的。只是俄羅斯自己，肆意佔領了這些地區。但他們佔領太多地方了！所以，儘管返還那些島嶼也無妨啊！

九、法國是「共產主義的同類」

搞砸日本的政治家，村山和河野應該切腹自戕

里　村：聽完您方才的講話，我越發深切地感到「日本的政治家實在是太過於沉默了」……

李登輝守護靈：假如還年輕的話，我還真想成為日本首相。

里　村：我們求之不得啊！

李登輝守護靈：看到前首相村山（富市）先生八十九歲高齡，仍然不修邊幅地前往了韓國謝罪，我真的很想要嘗試擔任日本的首相。

里　村：他前幾天還去了韓國，聲稱「直至現在的安倍政權，都還繼承著村山談話」。請問您認為應該如何看待「村山談話」和「河野談話」呢？

李登輝守護靈：現在正是安重根出場，來暗殺村山富市的時候了（會場笑）！他那是背叛國家啊！

里　村：原來如此（笑）。

李登輝守護靈：他已經活得太長了！在搞砸日本的階段，他做為首相本來就該切腹的。村山和河野二人都應該切腹自戕！

里　村：是，是的。

李登輝守護靈：怎能讓他們繼續發言呢？當然都應該切腹自戕啊！

盡是「毛澤東的吹捧者」的法國，戰後已經走向了沒落

里　村：若是再結合歷史認識來審視國際形勢的話，以前您想要入境法國時，也曾因為法國優先中國關係而被拒絕入境。

而此次韓國的大臣也前往了法國，在國際漫畫節上主張「從軍慰安婦是事實」。並且，法國也承認了那是歷史事實。對此進行反駁的日本攤位，則被主辦方強制撤除了。

對於法國的如此態度，妳有著何種看法呢？

李登輝守護靈：法國已經走向了沒落啊！

里　村：是。

李登輝守護靈：除了聖女貞德和拿破崙以外，法國就沒有出現過任何有名的人了。這就是因為它已經走向了沒落。

此外，法國還總是輸給德國。

里　村：是的，的確是如此。

李登輝守護靈：法國基本上都是吃敗仗！所以從那以後，法國就再也沒有出現過偉人了。自尚保羅沙特之後的戰後的哲學家們，倒是大量出現了毛澤東的吹捧者。實際上，他們根本就不是天主教徒。

里　村：是。

李登輝守護靈：他們實際上是無神論、唯物論，或者說共產主義的同類。因此，如果不改變想法的話，法國將永遠無法成功。另外，中國的鄧小平亦曾於法國留學過吧？

里　　村：沒錯。

李登輝守護靈：因此，中法之間的關係是非常緊密的！兩國之間也有著親和性。不過，這其中也存在著偽善的成分。法國也是一個充滿腐敗的大國！

崇尚「人權」的法國，卻實行了肅清王族和殖民地政策

里　　村：腐敗……從歷史上來看，法國曾公開發表過「人權宣言」，亦曾發動過「法國大革命」。法國一直都是很努力想要佔據輝煌地位的國家……

李登輝守護靈：但他們卻在非洲建立了大量的殖民地，不是嗎？

里　　村：是的。

李登輝守護靈：那麼他們所謂的「人權」，到底是哪裡的人權？是法國人的人權嗎？

還是哪裡的人權呢？

對於台灣是個獨立的國家，也並非沒有國家進行承認啊！只不過，不是所有的國家都予以承認罷了。

所以，我希望法國還能進一步思考「人權」的意義所在。

他們或許是認為「殺死王族就是一種的解放」。但是，殺害瑪麗安東娃妮特後，他們真的獲得幸福了嗎？他們發動了反革命後，雖然最終殺死了國王，但這不是好事吧？反倒是很接近共產主義運動。那本質上就是一場肅清運動，和共產主義革命一樣。

所以說，民主主義革命和共產主義革命是極為相近的。

因此，在帝政復活後出現了拿破崙一世，緊接著又出現了拿破崙二世。總之，必須要有人高高在上，否則國家就無法治理。一味地進行爭鬥和殺戮，這種狀態固然不好。但這種體制走向崩潰後，儘管如今是處於共和制，但怯懦的現任法國總統，也稱得上是國家元首嗎？

里村：（笑）

李登輝守護靈：本以為和他同居的女人，即扮演著第一夫人的角色……

里　村：緋聞不斷啊（笑）……

李登輝守護靈：沒想到又有傳言說「他對演藝界的女性下手了，並且有了一夜情」。於是，他便解除了之前的那段同居關係，取消了第一夫人的警備。真希望他可以收斂一些，少做一些讓人發瘋的事啊！

十、讓人種歧視從世界上消失的日本

藉由日本，才否定了「人種之間的差異」

里　村：您方才在講話中提到，法國曾擁有著大量的殖民地。英國和德國，也是如此……

李登輝守護靈：嗯。他們是必須要失敗的！人類史上早就註定了「必須要有人擊潰他們才行」。

里　　村：註定的嗎？

李登輝守護靈：對，必須要有人擊潰他們才行。

里　　村：也就是說「日本有著那般的任務」？

李登輝守護靈：若是法國只是敗給德國，那肯定是不行的吧？連德國自己都想要佔領殖民地啊（笑）！他們的企圖都是一樣的。然而，藉由敗給日本，最終才徹底否定了「人種之間的差異」。

里　　村：原來如此。

李登輝守護靈：我認為事實即是如此。

從杉原千畝的「救命簽證」中，感到日本人的武士道精神

里　　村：如此說來，那麼您……

李登輝守護靈：此外，很抱歉打斷妳。希特勒本身也在《我的鬥爭》一書中，明確地講述了自己對黃種人的歧視。

里　　村：是。

李登輝守護靈：該書現在已被列為禁書，所以就只能在日本看到。在《我的鬥爭》當中，希特勒明確提及了這點。日本人早就知道了「希特勒其實是人種歧視者。他不止是歧視猶太人，也歧視日本人等黃種人」。因此，二戰中的杉原千畝先生？

里　村：對，是杉原千畝先生。

李登輝守護靈：在二戰當中，杉原千畝曾為立陶宛的猶太人簽發了大量的救命簽證，所以受到了猶太人的尊敬。

此外，他也深受波蘭人的尊敬！當波蘭被他國瓜分、國家遭到滅亡時，是日本人幫助波蘭的人們紛紛逃到了西伯利亞。因此，許多波蘭人都很感謝日本人。波蘭亦是親日的國家。但絕大多數日本人，對此都並不知情。

儘管日本和希特勒的德國締結了同盟關係，但對於不當的歧視人種主義，日本人表示了堅決的反對。這即是「武士道精神」！

杉原千畝當時很清楚「一旦希特勒發出了通令，所有猶太人都將會遭到殺害」，所以直至火車最終開動之前，他都在不停地簽發簽證。

里　　村：是啊！

李登輝守護靈：這一幕真的會讓人哭泣啊！儘管德國是日本的同盟國，但他很清楚「是德國施行了錯誤的人種歧視政策」。

（強忍眼淚，聲音沙啞）而他自己卻因此被外務省開除了。儘管他早就預料到了如此結果，但還是持續地簽發簽證。對此，猶太人是知情的！在美國人當中，也存在著許多猶太人。這些人應該要求美國「必須更重視日本才行」。

里　　村：是。

李登輝守護靈：真的應該如此啊！

當波蘭被德國和蘇聯瓜分，國家遭到滅亡之時，是日本人拯救了波蘭人。那個時候，日本人透過「人道主義」和「武士道精神」，堅決地守護了正義。

所以說，二戰中的日本人是很了不起的！

里　村：原來如此。

李登輝守護靈：嗯，他們是十分了不起的！

據說當時美國的國力，可是日本的五倍、甚至是十倍。因此，雖說日本最終戰敗了，但仍是很了不起的！

教導「戰敗者應有的態度」，這種教育真的很遺憾！

里　村：從您方才的講話中，讓我感覺到「您有著做為領導者的剛毅態度」。

李登輝守護靈：我其實還有更多話語想要告訴你們，所以真的感到很懊悔。

日本人在戰後受到了媒體的洗腦，並且一直接受著戰敗教育。日本以為「只要一直教導人們戰敗者應有的態度，就能夠保住天皇的性命」，但這真的很遺憾啊！

歐洲諸國是否是基於「基督教的本質」？

里　村：和日本的常識正好相反，李登輝前總統最近在一家日本雜誌的採訪中，曾講到「領導者必須抱持著信仰」、以及「指導者必須要有忍耐力」。對此，能否請您為我們解說呢？

李登輝守護靈：信仰是很重要的！不可以沒有信仰。我本身是個基督徒，但也有參拜靖國神社，所以是比較異常的基督徒（笑）。

但若談及基督教的本心……，那是少數民族中的少數民族的猶太族當中，那些受權力迫害的人所創立的宗教。

換言之，基督教原本是「弱者的宗教」。然而，當其變成了「強者的宗教」以後，就有些質變了。

但基督教的本質，本來是「愛和信仰」。如果不教導愛和信仰的話，那就不是真正的基督教！

因此，儘管歐洲列國被稱為基督教國家，但歐洲列國所做的行為，是否是基於神的愛和信仰？對於非洲和亞洲做過的事情，是否是正確的？對此，必須要好好思考才行！

日本是當時世界最強大的，荷蘭根本無法相提並論

李登輝守護靈：印尼也曾淪落為荷蘭這般小國的殖民地。但如今，該國已有著二億人的國民。印尼曾被荷蘭佔領殖民。在江戶時代，荷蘭和日本之間進行過貿易。日本的出島和長崎，有著傳遞歐美情勢的職責。但是，荷蘭並未能將日本也變成殖民地。由此可知，當時日本有多強大吧！

里　村：是的。

李登輝守護靈：荷蘭根本就不能和日本相提並論！自關原之戰以後，日本的軍事就是當時世界最強大的。

因此，荷蘭根本無法佔領日本！

美國人尊敬日本人的「硫磺島戰役」

李登輝守護靈：就連美國人都因為擔心「佔領日本後會被忍者滅口」，所以不敢輕舉妄動！

特別是在「硫磺島戰役」中，日軍的英勇表現已成為傳奇。在極其不

利的情況下，日軍進行了殊死抵抗。據說，最終美軍的死傷人數還超過了日軍！當時美軍持續了一週左右的砲擊，可以說島上幾乎沒有生物活著。但日本人挖了很多地堡，耐著四十度的高溫，在缺糧的狀態下仍持續奮戰。

參戰的美國人都很佩服這些日本人！日本打了多場戰爭，軍人的表現一直很英勇。

擊沉英國戰艦，帶給亞洲希望的日本

里　村：邱吉爾也表示了讚賞。

李登輝守護靈：嗯。邱吉爾也對此表示了讚賞，但同時也感到很不安……

當日本擊沉了威爾斯親王號戰艦時，邱吉爾嚇到幾乎無法站立！英國的新銳戰艦，在亞洲被尊稱為「不沉戰艦」。但是如此戰艦，卻被日本的轟炸機炸得支離破碎。當時，亞洲各國皆拍手稱快啊！印度人歡喜雀躍的樣子，你們能夠想像嗎？

人們歡呼著「英國的不沉戰艦，竟然被日本擊沉了！」甘地也是高興到眼珠子都快掉出來了（會場笑）。

里　村：是啊！

李登輝守護靈：日本能戰勝英國戰艦，這真的是一件很了不起的事！不過，對此也不能完全肯定。因為其中也有著受害者，所以要顧慮到他們的情緒。

戰後日本的繁榮，對於亞洲諸國有著巨大的貢獻。從維護和平的意義上來講，過去的七十年間，日本無疑是全世界最和平的國家！

十一、日本有著比中國更早的文明

做為第二外語，希望全世界學習日文

藤　井：容我再向您請教有關領導論的問題。大川總裁在一開始有提到「您會

台日英三種語言」。

李登輝守護靈：嗯。北京話我也會講一點。

藤　井：在今後的國際世界，日本必須要能夠以英文主張日本的國家利益。那麼，對於做為國際人才的修養及條件，能否告訴我們您的想法？

李登輝守護靈：這取決於每個人的素養，所以也不能一概而論。日本人之所以不太擅長英文，其最大的理由就是「只要會日文就夠了」。

我真的很慶幸自己學過日文。世界各國出版的書籍，都能在日本看到譯本。若想知道中國的事情，那麼透過學習日文，就能在日本最有效地學習中國古代的事。

當然，做為國際語言，英文的實用性是最高的。所以在商業往來中，英文也能發揮其作用。然而，透過英文能掌握的修養，就只限於近五百年的歷史。

若是學習日文的話，則能學到二千多年前的歷史。因此，第一外語或許可以選擇英文。但是做為第二外語，我希望全世界都學習日文。

不知「日本是素養的寶庫」的歐美人

李登輝守護靈：美國的確是很偉大，並且很強大的國家。全世界有實力的大學，幾乎全部集中在美國。在美國的大學裡面，只能用英文交流。但在日本社會中，只會日本「國語」就夠了。從日本人的英文論文量，以及留學生的人數來看，日本似乎不怎麼活躍，所以導致日本大學的排名很低。然而，日本的水準並不是那麼低的！

日本在江戶時代，便有著自己獨特的發明。在平安時代，就出現了世界第一部小說。和日本相比，近年歐美的發展根本就不算什麼！

對於這些近年的成就，日本人應該感到更驕傲才行！大多數歐美人都不知道「日本過去經歷過很多時代，有著很長的歷史。這亦即是『素養的寶庫』」。

應該為「日本起源於高度的文明」感到自豪

李登輝守護靈：中國自稱有著五千年歷史，而日本約有二千年歷史。但事實上，日本有著更為久遠的歷史！

用你們的話語來說，日本是穆帝國後代的主流。然而，中國並不是穆的後代，而是發源自歐亞內陸的民族的分支。

因此，韓半島、朝鮮半島的人們，實際上是中日的混血。換言之，來自穆的人們，和那些高加索及西伯利亞地區的人們南下來定居之人的混血，就是韓半島的人們。所以他們的下巴，不都是很方正的嗎？那就是蒙古那邊的長相啊！

雖然韓國始終主張「日本得到了韓國的許多指導」，但那是錯誤的歷史認識。實際上，是日本率先成為先進國家的！

雖然在中國的文字進入以後，日本曾有過漢字統一的時代。但是在那之前，日本也早就存在著文字和文化。我想幸福科學很快會證實這一點的。日本有著更久遠的史前文明，所以最好能進一步闡明「這文明的源流是起於何處」。人們必定能明白「天孫民族」的真正意義。幸福科學會告訴人們，日本起源於更高度的文明。對此，日本人應該感到更自豪才行！

從地球儀上、或世界地圖上來看，日本就像是為了阻止中國擴大，而出現的好似弓箭一般讓中國鬱悶的弦月形島嶼。但我必須要告訴人們，至今的歷史觀其實都是顛倒的，日本本來就是先進國家。

十二、過去世是「有名的政治家、軍師」

在日本的過去世，是持有武士道精神的「劍豪將軍」

里　村：您今天充滿熱情地為我們講述了諸多做為日本人的驕傲、或者說應有之姿。最後我還想請教一點，做為李登輝的守護靈，您認為他今生的使命是什麼呢？

另外，您如此熱烈地講述了有關日本的事情，恐怕是因為在過去世當中，和日本有著關係吧？

李登輝守護靈：嗯。的確有關係！

里　　村：好的。最後我想請教您，有關李登輝總統的使命及其過去世。

李登輝守護靈：做為日本人的過去世，我曾是足利幕府的第十三代將軍、足利義輝。

里　　村：什麼？足利義輝……

（會場上傳來了「拜塚原卜伝為師的將軍」的聲音）啊！那個人稱「劍豪將軍」的足利義輝嗎？

李登輝守護靈：嗯。足利將軍雖然命運悲慘，並且最終死於非命。但他堪稱武士道的典範！因此，足利幕府並非是一味地充滿腐敗，其實也是抱持著武士精神的。我也曾以一己之力，和數十個敵人進行過對抗。當時，我感到「日本的領導亦必須是武士才行」。

里　　村：難怪您今生也秉承著如此武士道精神！

李登輝守護靈：我真為現在的日本感到很羞恥！

里　　村：是。

發動了「清教徒革命」的英國人轉生

李登輝守護靈：此外，我還於英國出生過。

里　　村：英國嗎？

李登輝守護靈：嗯，我也在英國出生過，並且還發動了「清教徒革命」。

里　　村：您曾是克倫威爾嗎？

李登輝守護靈：嗯。但我這兩次的轉生有很大差別，所以很難將兩者串聯起來。很令人出乎意外地，我還曾是個清教徒。

里　　村：對於墮落的王政，克倫威爾確實進行了重大的改革！

李登輝守護靈：嗯，是的。我的確也有著質朴剛毅的一面。

里　　村：是嗎？

李登輝守護靈：嗯。

李登輝最後的遺言是「日本啊！要做個像樣的國家！」

里　　村：您方才告訴了我們一段驚人的歷史秘密。所以這般的人才，今世做為李登輝先生轉生，必然是有著眾多職責的。那麼今世李登輝先生，究竟是抱持著何種使命呢？

李登輝守護靈：我也不太清楚自己是否完成了使命……

里　　村：不不不，您的功績非常大！

李登輝守護靈：嗯。我想留下最後的遺言！那就是「日本啊！要做個像樣的國家！」

里　　村：您的使命真的是很重大……

李登輝守護靈：可是，我真的是很悔恨啊！我並不贊成日本在二戰中選擇投降，反倒是希望日本取代當今中國的目標，成為亞太地區的霸主。嗯，真的是很悔恨啊！

里　　村：您之所以有著如此心願，是因為您是高天原的神明之一吧？

李登輝守護靈：關於這個方面，我認為還是不要說比較好。

里　　村：是的。畢竟李登輝總統現在還健在……

李登輝守護靈：對此應該不需再說了。我認為還是不要說比較好。

三國時代曾做為軍師，侍奉過劉備

里　村：您對於我們現代的日本人，傳達了很多熱切的話語……

李登輝守護靈：當然，我還曾出生在古代的中國。

里　村：中國的哪個時代？

李登輝守護靈：你們喜歡的三國時代。當時，劉備有著兩位軍師吧？

里　村：您是龐統？

李登輝守護靈：對，那即是我的過去世。

里　村：至今真不曉得您曾是龐統啊！

李登輝守護靈：他就是我的過去世。雖然他沒有打多少勝仗……

里　村：您太謙虛了。

李登輝守護靈：總是敗仗比較多啊（笑）……。但這次可不是偽冒的（注：在以前的回溯解讀中，也有人稱自己的過去世曾是龐統。參照《獵戶座的狼人和織女星之神所創造的超人》第一章，宗教法人幸福科學出版）。

十三、傳達給台灣人的話語

台灣應該支援並跟隨日本

饗　庭：很抱歉，我想要請教一下……。（幸福實現黨調查局局長（美國共和黨顧問）饗庭直道先生，從會場上轉移到提問者的座位）對於今天的靈言，台灣的人們也會進行聆聽。因此，做為龐統先生的觀點，您有什麼話語要傳達給現在的台灣人嗎？

李登輝守護靈：台灣啊，或許這的確是需要的。倘若日本受到了韓國、北韓或中國的欺壓，我希望台灣能進一步支援日本。基本上，我認為台灣應該跟隨日本。雖然還有美國的存在，但美國終究是挺歐洲的。

對於日本歷史認識的偏見，美國從不反省的理由

李登輝守護靈：對於日本的偏見，美國從未做過反省吧？在歷史認識問題上，美國和中韓的態度是一致的！若不將日本說成像希特勒一樣的國家，他們就

無法將自己的行為正當化。

NHK現任的經營委員，同時亦是小說家的……

里　村：您是指百田尚樹嗎？

李登輝守護靈：是是是。他公開提出了「南京大屠殺是子虛烏有的」，如此發言引起眾議。但美國對日本的進攻，其實也不具備正當性啊！對於日本偷襲珍珠港的計畫，美國早在一週前就已知道了！

實際上明明是知情的，但哪怕是犧牲自己三千多人，羅斯福也希望開戰。因此，美國就在知情的狀況下，只將航母稍微隱藏了。

總之，美國是自願參戰的。而且，英國很想獲得美國的幫助。當時英國就快要被德國擊潰了，如果美國不參戰的話，英國就會走向崩潰。所以無論如何，都必須讓美國參戰。

此外，為了將德國徹底打垮，就必須讓蘇聯向希特勒開戰。為了吸引蘇聯進入歐洲，就不能容許日軍從背後偷襲。當時日本的陸軍有二百多萬人。若這些人全部朝向西伯利亞進攻的話，蘇聯便無法和德國對抗了。因此蘇聯便和日本簽訂了互不開戰的協定（日蘇中立條約）。總之，這其中的關係非常複雜。如果在蘇聯進攻日本之前，或者希特勒尚未被打敗之前，日本就攻擊蘇聯的話，狀況就會完全不一樣了。

里　　村：是。

李登輝守護靈：美國聲稱「東京大空襲，以及廣島和長崎的原爆，都是讓日本為攻擊珍珠港、太平洋戰爭、南京大屠殺、從軍慰安婦及其他殘暴行為，得到教訓而進行的」。但若是驗證歷史之後，發現那些都是捏造的話，那就等同於之後的越戰一樣。

美國投下了枯葉劑，殺害了眾多一般的農民。此外，還使用了火焰噴射器和投下集束炸彈，將越南燒成一片廢墟，殺死了許多農民。對此，美國人持有著強烈的罪惡感。此後，越南便開始流行大麻等毒品，因為美國必須要麻痺他們的精神。

更早之前，這便已經開始了。美國極力想要逃脫責任，但是終有一天會真相大白的。總之，美國做過的事，無疑讓希特勒也感到相形見紐。就連希特勒，都未曾投下過原子彈。儘管他曾對倫敦進行過空襲，但卻並未投下原子彈。

連朝鮮半島都得以倖免，卻只有日本被投下原子彈。這恐怕是人類歷史上最大的汙點吧！

如果正確地理解了日本這個國家及其歷史，美國就不會投下原子彈。

近十年將會展開對中防衛、並重新認識歷史

饗　庭：從軍師的角度來看，就目前形勢而言，您認為台灣能保持獨立嗎？還是會被中國併吞呢？

為了避免如此事態，台灣應該採取何種對策？或者是我們幸福科學集團，又能夠做些什麼呢？

李登輝守護靈：我認為依循幸福科學的想法，直接照著做就好了啊！

對於中國侵略其他民族的事，讓NHK做專題報導就好了啊（笑）！中國總是掩蓋自己的行為，從來不進行任何報導。卻為了極力醜化日本

的過去，故意捏造不實的報導，並且前往世界各國到處做宣傳。中韓皆是如此。

然而，只要向全世界曝光「實際上中國正在壓迫人權，其他民族面臨著重大不幸」，那麼世界各國的看法都會發生改變。只要讓世界各國明白「切不可讓中國支配整個世界」，那麼各國都會開始阻止中國想要支配全世界的企圖。

里　村：是。

李登輝守護靈：越南可謂是戰勝美國的共產主義國家。但現今越南、菲律賓和澳洲，都已經開始對中國進行防衛了。由於他們無法徹底信賴美國，所以很希望日本能更加努力。由此，人們就會開始對二戰進行重新審視，進而發現「日本所做的其實是正確的」。

日軍將美國從菲律賓趕走，這並沒有什麼過錯。這是事實啊！美國根本毫無理由要去佔領菲律賓。因此，人們必將會重新認識歷史的。

在近十年內，就會以各種形式對歷史展開重新認識。而中國的擴張計畫，想必是難以實現的。我認為你們的挑戰是會引領輿論的！

應該將村山富市和河野洋平送上斷頭台

李登輝守護靈：總之，法國（在國際漫畫節上）那般的態度是極不正當的！

里　村：是。

李登輝守護靈：他們實在是無知啊！

此外，日本政府也真是可悲啊！韓國政府前往了法國。駐日的法國大使館，究竟在搞什麼啊？

據說駐日的法國大使館還進行了改建，把大使館一半的用地賣給了大樓開發商。要透過賣地來賺錢，他們真有那麼缺錢嗎？

駐日大使館的法國大使，究竟在搞什麼啊？對此，日本其實應該進行阻止和抗議的。因此，為了向世界各國表明日本的態度，我認為應該將村山和河野送上斷頭台。並且在全世界播映他們被處死的樣子。

里　村：是啊！

李登輝守護靈：最好是將他們和奧姆教歸為一類！因為這兩者的勾當是一樣的。

里　　村：好的，我們知道了。

必須承認「正確的事情就是正確的」

里　　村：今天，我們日本人獲得了非常寶貴和熱切的話語。為了在近十年內，讓人們重新認識歷史、並以此阻止中國的企圖，我們必定會持續努力下去的。今後也請您多多指教！

李登輝守護靈：將忠於武士道的日本祖先當做禽獸來對待的人們，是絕不可原諒的！

里　　村：是的。

李登輝守護靈：絕不容許將日本和那種禽獸混為一談！我雖不是靖國神社的信徒，但我仍認為必須承認「正確的事情就是正確的」。

里　　村：我們知道了，我們會努力的！

李登輝守護靈：那就到此為止吧。

里　　村：今天非常感謝您！

十四、對李登輝守護靈之靈言的總結

韓國的朴槿惠總統須講述「正確的客觀史實」

大川隆法：（拍手兩次）原來如此！我終於明白了「為何朴槿惠要堅決阻止降下他的靈言」。被同樣都是殖民地的國家如此評論，肯定是很不爽吧！

里　村：是啊，被相同立場的國家……

大川隆法：想必是很討厭如此攻擊吧！從昨天開始，朴槿惠總統的生靈就說要干擾我，我想或許是她成為總統後，感到自己了不起了吧！連幸福科學在「TheFact」上的訊息，她都掌握到了。她說「我們總是去干擾他們的活動，法國漫畫節時來進行干擾、大阪橋下市長發表慰安婦的談話時，也前來干擾，此次又播放『The Fact』來干擾」。她強烈認為「行惡多端的元兇，全部都是幸福科學的大川隆法從背後操控的」，從她們的眼中看來，我即是各種壞事的源頭。

所以，她認為「得趕緊殺掉這個人」。其最大的心願，就是「我最好早點死掉」。她還說「讓我長壽的話，肯定沒什麼好事。日本前首相都來到韓國道歉了！妳為何老是從中作梗呢？」。

然而，既然如此重視歷史認識的話，那就請韓國務必講述「正確的客觀史實」。對於日本為台灣做的貢獻，李總統明確地表達了感謝之意。但對於朝鮮半島的貢獻，日本沒有獲得韓國的任何感謝。日本明明為他們做了那麼多事！這實在是讓人感到很不尋常啊！他們的想法似乎是扭曲的。

里　村：包括朝鮮統治在內的所有正確知識，我們都會努力啟蒙人們的。

日本是時候需要有下一個政黨了

大川隆法：隨著幸福科學教團勢力的壯大，以及海外支部的增加，幸福實現黨亦必須要持有一定的規模。

幸福實現黨必須要早日取代公明黨，建立聯合政權才行啊！「幸福實現黨的失敗」，即意味著「歷史認識將維持現狀」。

但是從形勢上看，社會黨已經崩潰了，而社民黨也即將消失。他們的系統都將會走向瓦解。就連民主黨，也已經出了問題。此外，日本維新黨也進展不順利，大家都處於不利的狀態。因此，現在已經是時候需要有下一個政黨了。最近的形勢變化非常快，所以會反覆地出現起起落落。敗落的政黨也會回升，時代常會突然發生轉變。

當吉田松陰被處死刑時，誰也沒有料想到八、九年後會爆發明治維新。僅十年不到的時間，形勢就發生了逆轉。橋下佐內也被處死在安政的大獄中。當時誰也不曾想到，十年內形勢就會逆轉吧？

因此，從維新志士們已大量轉生到現代來看，各位可以理解為「形勢很快就會發生轉變了」。

正如「無法戰勝巨大幕府的想法」被推翻了一樣，現在各位雖認為「絕對無法戰勝以歐美為中心的價值觀」，但這種想法勢必也會被推翻的。

里　村：為了儘快達到如此目的，我們會堅持努力下去的！

大川隆法：韓國總統非常在意「The Fact」上的言論……。但那只不過是個小傳播媒體而已（笑）。

里　　村：（苦笑）

大川隆法：當日本人完全相信時，想必她會感到不知所措吧！

里　　村：今後我們還會進一步讓「歷史的真相」還原。

大川隆法：繼續努力吧！

提問者一同：好的，謝謝！

第一章後記

竟然還有個健在的外國前任元首主張「以前的日本人是很了不起的」、「你們的祖先是很偉大的」，這本身就是一個奇蹟啊！一邊是詐騙集團所操縱的以前的賣春婦、一邊是清廉且充滿豪氣的鐵血宰相，究竟該相信誰的話，這是不容置疑的。

在我的靈言集當中，此次的靈言是一本傑作。希望全部的政治家、媒體人士，以及探討政治問題的人們，務必都要閱讀本書。也希望教育相關的人士能閱讀此書。此外，但願安倍首相在夜晚感到內心脆弱之時，亦能反覆地查閱此書。

二〇一四年二月十八日　　幸福科學集團創始人兼總裁　大川隆法

第二章　前言

威脅日本之人的真面目終於揭曉了，就在現代中國要朝世界最強國家奮進之時，所出現之人「習近平」。他絲毫不忌憚地稱希特勒為「小人物」、德意志第三帝國為「小帝國」，並且自稱是建立世界帝國「元」的成吉斯汗的轉生。

若以宗教家的良心來說，我認為他所言為真。究竟民主黨政權的菅直人或仙谷由人能否對抗這「成吉斯汗」嗎？還是自民黨的谷垣總裁能對抗嗎？這個國家的國民，已經沒有其他選擇了嗎？

我要向日本國民說，雖然我們現在只有微薄之力，但請給予「幸福實現黨」力量，因為這裡是日本實際的「國家戰略室」。

二〇一〇年　十月二十六日　幸福實現黨創立者兼黨名譽總裁　大川隆法

第二章　想要成為世界皇帝之人——習近平的本意

二〇一〇年十月二十一日　習近平守護靈的靈示

習近平（一九五三年～）

中華人民共和國政治家，父親習仲勳曾任國務院副總理，是所謂「太子黨」（共產黨高級幹部子弟們）中的一員。二〇〇七年拔擢為政治局常務委員，進入黨指導部。翌年二〇〇八年於全國人民代表大會選舉為國家副主席、二〇一〇年十月於中央委員會總會選舉為黨中央軍事委員會副主席。由此，確定成為胡錦濤國家主席的接班人。

提問者：＊按提問順序排名

松島弘典（幸福實現黨幹事長）

里村英一（宗教法人幸福科學文宣局局長）

（以上均為收錄當時的職位）

一、探究下任國家主席習近平為何許人物

關於習近平的情報還不夠充分

大川隆法：今天早上我進行了中國溫家寶總理的守護靈及北朝鮮第三代領導金正恩守護靈的靈言集的原稿校正，現在中國正在召開中國共產黨代表大會，如今已成為副主席的習近平，基本上已經確定將於二〇一二年會成為下屆的最高領導者。如果沒有什麼意外發生，基本上就會如此定案。

估計李克強會就任總理，「習近平—李克強」的體制就會形成。

另一方面，我出版的靈言集及預言書，對於二〇一〇年至二〇一二年的日本進行了極具危機性的預言，從其內容看來，「震央」好像就是中國。

關於如何對待日本，中國現在的體制應該也已經鋪好了路線，「日本最後的命運如何」與下任國家主席習近平密不可分。

因此，儘早知道「此人是何等人物」，應該具有重大的意義，但我覺得情

報還不夠充分。

也許有人還不十分瞭解習近平，這個人就是去年（二〇〇九年）十二月，緊急謁見天皇的人。如果想會見天皇，需要「三十天規則」，即三十天前如果不預先申請就無法會見，但他卻打破了這一規則，強行提出「會見天皇」，當時的小澤一郎幹事長進行斡旋，實現了與天皇的會面。

中國會如此強行要求的理由，就在於希望透過會見天皇，以昭示天下，為成為下任國家主席打下基礎。

現在的胡錦濤主席在副主席任期時，也曾會見天皇，習近平想透過實現這一點，以鞏固繼承者的地位；如此強硬的態度，有著如此背景。

在權利鬥爭中勝出，確立了下任國家主席的地位

習近平這次被選舉為中央軍事委員會副主席，變成了軍方的第二把交椅，成為下任國家主席已成定論，原本去年就應該就任此位置，但去年沒有上任，人們都在猜測事態如何發展。

今年習近平終於就任，估計這一年間發生了相當程度的權力抗爭。他於去年年底製造了會見天皇的既成事實，今年又在權利鬥爭中獲勝。習近平與先前的溫家寶總理關係如何，還不十分清楚。

如今在黨內的排行，習近平是第六位，李克強是第七位，之上的五位是二〇一二年引退的世代。實際上李克強是胡錦濤主席的下屬，從很久以前就被特別培養，是很受期待的人物，此人先展露了頭角。

在那期間，習近平仕途不順，成為了地方城市的市長和省長。

但習近平的妻子是著名歌手，就像日本的紅白歌合戰一樣，她在年末的全國性節目中是最後的壓軸人物。因此，和習近平相比，他太太因為是著名的歌手而更有名氣。習近平在二〇〇七年左右突然出現於共產黨高層，超越了李克強。從年齡看來，習近平要年長二歲，「習近平主席—李克強總理」的組合能夠成立嗎？能夠成為像現在的「胡錦濤主席—溫家寶總理」的體制嗎？今後是值得注目的焦點。

掌握日本命運的習近平

這些人，應該是掌握著日本的命運。胡錦濤守護靈及溫家寶守護靈的靈言已經收錄完畢，今天想收錄習近平的靈言。

如果能夠探明這個人究竟是何等人物，對日本的國家利益是有著無比影響的。雖說他於二年後才會就任國家主席，但如果現在已經確定了，這兩年間習近平的想法會產生很大的影響，估計會成為中國的國家戰略。

因此，瞭解這個人的想法，對於日本的國家戰略極為重要。幸福科學當中存在著「國家戰略室」，如果說奇怪是很奇怪，但現在有必要代替政府，作為國家戰略室，制定對策。

這個人究竟是何等人物，擁有什麼樣的想法，希望提問者能夠從各方面切入，代替媒體問出要點。（面對提問者）習近平是個大人物，各位的使命很大。他或許會比下屆美國總統擁有更大的權力，是有可能位於世界帝國頂點的人，請好好努力深入詢問。

（面對幹事長）幸福實現黨的幹事長水準，不知他是否肯接受謁見，或許被訓斥一聲，談話就結束了。他是很難應付的對手，請好好努力。

我也是初次接觸，也不知道是什麼樣的人。是城府很深？還是可怕？還是謊話連篇？或還不知道是什麼樣的人。

二、對毛澤東與文化大革命的評價

大川隆法：（面對提問者）準備好了嗎？我要開始了，不曉得對方是何種程度的人。

（深呼吸五回）

中國的下任國家主席預定者，習近平的守護靈啊！

中國的下任國家主席預定者，習近平的守護靈啊！

請降臨到幸福科學總合本部，說出你的本意。

習近平的守護靈啊！

請降臨到幸福科學總合本部，說出你的本意。

（約一分三十秒的沉默）

習近平守護靈：哈哈哈哈哈哈哈、哈哈、哈哈哈哈。

松島：你是習近平的守護靈嗎？

習近平守護靈：哈哈，是！

松島：感謝你今天能來到幸福科學總合本部的禮拜室。

習近平守護靈：嗯，你們來朝貢了嗎？嗯，你們畢竟還是來了。

松島：不是。

習近平守護靈：現在就來朝貢會不會早了些？

松島：恭喜你確定成為中國下任最高指導者。

習近平守護靈：嗯，哈哈哈哈、哈哈哈哈哈哈，謝謝，你拿日本的地圖來了嗎？

松島：沒有，沒拿。

習近平守護靈：嗯？準備了什麼貢品？

松島：今天是第一次，首先……

習近平守護靈：什麼？兩手空空？原來如此。

松島：我們想向中國鄰國的日本國民，還有全世界的人們，介紹習近平先生。

習近平守護靈：那可是很重要的工作啊！

松島：請多關照。

習近平守護靈：嗯。

就算是下任國家主席，如果用詞不當也會出現意外的情況

松島：日本一年之間，總理大臣不斷替換，而中國在六十年間，國家主席也就是最高的指導者卻只有四位。最初是毛澤東、鄧小平、江澤民，然後是現在的主席胡錦濤共計四位，請講講他們各自的功績，以及你對他們的評價。

習近平守護靈：你是歷史學者嗎？

松島：不，不是。

習近平守護靈：嗯？你想讓我這個將來中國國家主席的接班人，對前任者進行「功績評定」？

松島：說說感想也可以。

習近平守護靈：現在就說？我還有兩年才上任耶，一旦失言我豈不是自找麻煩嗎？

松島：或許吧。

習近平守護靈：如果被你惡意使用，也不能保證沒有意外的情況發生。如果有人覺得我對他的評價過低，說不定往後在哪裡就會出現陷阱。

松島：是嗎？

習近平守護靈：我必須選擇措辭，中國這個國家可是很可怕的國家。就算是下任主席，也不能保證不會「從黑暗到黑暗」，所以必須選擇措辭。明白嗎？所以，我要以「大人的言語」講述，你要以「大人的耳朵」聽取、解釋「大人的言語」，明白嗎？

松島：好。

毛澤東不懂經濟

習近平守護靈：所以，先講毛澤東？

松島：是。

習近平守護靈：啊，毛澤東從官方來說是「建國之父」，所以是很偉大的人。

比起建立猶太之國的摩西來說，他建立了更加巨大的國家，所以應該說比摩西更加偉大。比起美國的建國之父喬治華盛頓來說，毛澤東，因為建立了更巨大的國家，所以更偉大。

毛澤東是偉大的領袖、抗日的象徵，在此意義上，可以媲美過去的秦始皇，這是我作為中國共產黨黨員的官方見解。

若是以「大人」之間的用詞，該怎麼說呢？如果稍稍進行評價，也許可以說他「不懂經濟」。中國作為獨立國家建國以來，經濟有著落後的一面，在某種意義上，是毛澤東後半生的……這時候必須選擇措辭，該怎麼說呢？「沒有蛻皮的部分」。

軍事英雄往往大都很難成為經濟型的英雄，或者說是統治英雄。比如日本的西鄉隆盛雖然是打倒幕府的領導者，但在明治時代卻沒有發揮統治英雄、領導者的機能。

但毛澤東終其天年，不是像西鄉那樣的死法，關於這一點我們的認識幾乎是一致的。所以，如果用「過於長壽」這種措辭，我就會被革職，所以不能這麼說，但事實上還是存在這一面的。

文化大革命是建立新國家過程中的一種磨練

司儀：我有問題提問。閱讀習近平的著作，其中寫著在毛澤東發起的文化大革命中，你與你父親皆共嘗苦澀，度過了相當痛苦的時代。

我想這就是習近平步入政治世界的開始吧。

習近平守護靈：中國避諱很多，我得小心講話，一直到最後，我可不能失言疏忽。

關於文革，大家肯定會各有想法，但應該沒有人會認為文革是成功的吧！但建立一個新的國家時，不是都有反覆實驗和失敗的權利嗎？在此意義上，應該建立一個什麼樣的國家，多少付出一些代價也是沒有辦法的。個人的怨恨、家族的怨恨，那樣的東西，如果想要找多少，都能找出來。嗯，那是一種磨練。

這種磨練會改變國家，讓國家步入下一階段。先試著做些什麼，如果不行，就再試著做相反的事情。因此，也許的確是負面的東西，但我認為這種負面也是必須的。

三、親日派的報導是否是事實？

松島：習近平雖然是中國共產黨最高幹部的子弟，也就是所謂的太子黨，但卻受盡苦勞，被新聞報導為一個大人物，是體察民意的政治家。

習近平守護靈：嗯，我是從地方鍛煉上來的。

你知道的很多嘛！所謂太子黨就是王子黨的意思，雖然如此，但我可以說是長期讓人指使、爬不上去，我是從地方首長的位置爬上來的。誰也沒有想到我能爬到這種地位。大家都以為我是地方水準的人材。剛才承蒙「光榮的」介紹，我的妻子在國民中更加有名氣，人們以為我不過是鄉下市長水準的人物、是靠女人吃飯的男人。我曾被那樣的看待，但我是非常懂得忍耐的人。

松島：此外，你經常在沿海地區任職，據說也很懂經濟。

習近平守護靈：那當然。嗯，在中樞部工作時間過長，慢慢就不懂了。但我一直在現實中學習如何改善市民或省級人民的生活水準。嗯，美國總統中不是也有很多人有過州長經驗嗎？這些人被測驗自己的統治能力，以及能否獲得人民的支持，之後才能成為總統吧？在某種意義上，我也有過類似的經歷。

松島：觀看各報導機關的報導，大多說你「懂得經濟，又曾經任職軍隊，所以非常具有平衡感」。還說你是親日派。

習近平守護靈：嗯。

松島：還聽說支持你的是上海派的江澤民派。到江澤民為止，一直都是親日派的指導者，到了江澤民成為國家主席後，各地進行反日遊行，與日本的關係變得非常冷淡。習近平被視為親日派，你對日本的印象如何呢？

習近平守護靈：你把我分到了親日派？

松島：雖然還有很多不清楚的地方，但你被報導為親台派、親日派。

習近平守護靈：嗯，鄧小平和江澤民都得到了南方、上海幫經濟勢力的支援。因此，與日本進行經濟方面的交流是非常重要的，所以他們被看成是親日派。我因為擁有這樣的支持基盤，所以看起來好像是那樣的。但我的本質實際上不僅是懂經濟而已。嗯，我的本質是皇帝。

松島：皇帝？

習近平守護靈：嗯，我是「皇帝中的皇帝」。

四、中國是存在皇帝的「民主主義國家」

頒給劉曉波的諾貝爾和平獎屬於干涉中國內政

松島：現在全世界中唯一能稱最高指導者為「皇帝」的國家，可能就是中國了吧？

習近平守護靈：嗯，沒錯。

松島：迄今為止我們對毛澤東、鄧小平、胡錦濤的守護靈及溫家寶的守護靈進行招靈，談了很多內容，大家都有「自己是皇帝」的意識。

但世界正在走向民主主義，在這種大方向中如果自認為自己是皇帝、持有自己國家是大帝國的意識，世界會對此感到反感，並覺得很危險。

比如，諾貝爾和平獎獲獎者劉曉波事件，還有釣魚台事件。

習近平守護靈：諾貝爾和平獎云云，你的話題太小了。

松島：但那不是在說明中國的問題所在嗎？

習近平守護靈：挪威委員會想把獎發給誰，那是他們的自由。但不能給予他們擾亂國家統治原理的權利。不僅是我，從誰看來都是那樣……

松島：他們？你是指「挪威委員會」？

習近平守護靈：挪威委員會表揚有功勞的人是他們的自由。但他們背後有著企圖，他們想要在中國的政治體制中釘入楔子，他們明顯持有此目的，不是嗎？用你們擅長的話來說，那屬於干涉內政，對吧？

松島：但中國的霸權主義、軍事擴張對近鄰國家造成威脅，這就不僅是中國的問題了。

習近平守護靈：從你們的角度來看，有一個左翼恐怖份子，因為「反對天皇制」而被捕，在被關進監獄的時候，這個人獲得了諾貝爾和平獎，你會覺得日本國民希望此事被大幅報導嗎？換個角度想想，就是這樣的。

松島：但在日本，如果有人反對天皇是不會被捕的。

習近平守護靈：但是，如果有人組織了好比十萬人的遊行隊伍，包圍了皇居，或計畫使用反坦克導彈攻擊皇居的人，被逮捕關進了監獄，但有人卻將諾貝爾和平獎頒發給這個人，你們會說諾貝爾獎是正確的嗎？你們會拍手歡呼嗎？

松島：中國的講法與其他國家的講法，有很大的差距。

習近平守護靈：嗯。

中國認為自己在實行民主主義

松島：中國進行言論統治，而且在二十年前還發生了天安門事件。在其中，像劉……

習近平守護靈：啊，可是。這樣說也許有些失禮，但劉……

松島：劉曉波。

習近平守護靈：我不想這麼措辭，但他是死刑犯吧？是犯人吧？位於國家中樞部的人，如果在發言中肯定這樣的人，國家的統治原理就會崩潰。那就意味著承認「我們沒有維持正確的法律秩序」。

至於「法律程式是否正確」，我認為根據國家的不同，情況是不同的，用你們的話來說，如今的中國就像是戰前的日本一樣，屬於法西斯主義體制，但即便是這樣，我們也舉行人民大會，不管怎麼說也存在著政權交替，也存在著退職。

嗯，在此意義上，也不能說完全沒有民主主義的基礎。不管怎麼說，指導者也是在黨代表大會上確定的。

也許與你們所想的有所不同，但如同你們在天皇制下，實行議會制民主主義一樣，我們也在皇帝主義下，實行議會制民主主義。互相都有各自的道理，都背負著各自的文化。

松島：嗯。

習近平守護靈：從我們看來，或者從其他國家看來，在天皇制下實行民主主義，簡直就是笑話。但你們堅信那是正確的吧？但，你們無法投票選出最高領袖吧？但在中國，國家主席是最高地位者，雖然任期是十年左右，但至少還是選出來。至少還能夠進行選舉，與美國的總統制有類似的地方，我們對功績也進行判定，沒落的時候也會下臺。因此，我們比起日本來更接近民主主義體制，至少從選舉過程看來。

還有，關於「國民是否受到壓迫、存在不自由的情況」的議論，中國人數太多了，具體情況我不清楚。我承認從整體看來日本人更加富裕，但至於「哪一方比較幸福」，各自都有不同意見。

松島：這部分估計會涉及到所謂干涉內政的部分，時間不多了……

習近平守護靈：慢慢聊啊！你不必那麼著急。

中國的「皇帝」蒞臨，不能那麼著急啊！你們等會兒晚宴會擺上中華料理吧？為什麼不慢慢來呢？

松島：（苦笑）謝謝。

習近平守護靈：按照順序上菜，為什麼不一邊吃一邊談呢？

司儀：因為沒有時間……

習近平守護靈：慢慢來、慢慢來、慢慢來，懂嗎？

五、靈查揭示權利鬥爭內幕

釣魚台事件的騷動是迫使溫家寶總理下臺的陰謀

司儀：那稍微放慢一下速度，我提問一個重要的問題。

之前，我們對溫家寶總理的守護靈進行招靈，問「下屆國家主席是不是習近平？」但很令人驚訝，他卻回答「那還不知道。總之，那要看能否得到軍方的支持。在這一點上，如今我與胡錦濤主席在進行戰鬥」。溫家寶總理還說「我正周遊世界進行宣傳，以增進分數」。如今，中國的指導部都在做些什麼，關於這些內情，還請賜教。

習近平守護靈：嗯，我的發言有可能讓我進監獄。

司儀：在習近平的周圍都發生了什麼樣的對立？

習近平守護靈：如今中國也進入了世界大國的行列，逐漸步入了遭受各種報導與批判的立場，對於指導者的功績也出現了批判。因此，對於溫家寶的功績，批判的聲音還是會出現的。嗯，他支持鳩山民主黨，但失敗了吧！最近還出現了釣魚台的漁船問題？你們的反應那麼激烈，如果無法收拾這種局面，就會導致中國在國際輿論中陷入孤立，不革職溫家寶就無法收拾局面。

司儀：有傳言說釣魚台事件是江澤民設計的。

習近平守護靈：就算是有那樣的傳言，身處那個職位的人，也必須考慮事後如何處理。

司儀：那是指「必須考慮如何解決這一事件」嗎？

習近平守護靈：嗯。身處那一立場的人需承擔責任。因此，現在他不得不承擔責任。所以他現在正周遊世界進行辯解，對日本的發言也態度強硬，在某種程度上他在扮演壞人的角色。國家的戰略是準備讓他來承擔責任，也就是說，準備最後對他進行革職，來收拾殘局。

司儀：是誰在考慮那樣做呢？

習近平守護靈：哈哈哈哈。是氛圍、氛圍。

司儀：「氛圍」在這麼考慮？

習近平守護靈：如果用日本人的說法來說。

司儀：如果用中國人的說法呢？

習近平守護靈：如果用中國人的說法，那就是我和胡錦濤。

今後二年會假裝效忠胡錦濤主席

司儀：那麼，就是說胡錦濤與習近平已經結成了相當程度的同盟。

習近平守護靈：嗯，算是吧！但多少還有些疑慮。

司儀：還有疑慮？

習近平守護靈：胡錦濤呢，就像剛才說的，還在猶豫是否將軍事指揮權轉交給我。

司儀：你晚了一年才取得。

習近平守護靈：他還沒有完全信任我，還有兩年，他在考驗我是否效忠他。這兩年，實際上是必須謹慎的兩年。

司儀：謹慎？

習近平守護靈：嗯，我必須假裝效忠胡錦濤。

司儀：假裝？

習近平守護靈：就這兩年，因此，在行動上必須沿襲他的路線。

胡錦濤不具備國家主席的器量

司儀：據說胡錦濤主席與江澤民的關係不好，習近平與這兩人都有聯繫嗎？

習近平守護靈：胡錦濤不過是填補空白，他原本就不是當皇帝的材料。啊！你們把這些內容印刷出版就麻煩了。有些中國人能讀懂日語……

司儀：這裡是日本，沒關係。

習近平守護靈：嗯，有一些中國人能讀懂日語，這些內容如果出版了，我……

司儀：中國的中樞部不會看到。

習近平守護靈：嗯？是嗎？不會看到？很安全？

司儀：是。

習近平守護靈：本來胡錦濤這個人，作為主席的器量就稍顯不足。

司儀：不足？

習近平守護靈：嗯，但是沒有辦法，作為代理，先承接工作。如今，我終於作為「本命」出現了。

司儀：那麼他還是在背後與江澤民有聯繫嗎？

習近平守護靈：嗯？那可不知道。但，他原本是屬意李克強的……

司儀：江澤民嗎？

習近平守護靈：不、不。

司儀：是胡錦濤主席？

習近平守護靈：李克強是胡錦濤從小養大的。

我現在突然地出現，是因為那一股他不能隨心所欲支配的勢力，在背後支持我。這樣你就可想而知了。

司儀：不能讓胡錦濤隨心所欲支配的勢力？你是指人民解放軍嗎？

習近平守護靈：各方面都有，中國現在也變成了大國。如今人口超過十三億五千萬，正在朝十四億人口邁進。十四億人口，未來十年，將政權託付給誰，會讓人們更幸福呢？這是很重要的選擇。因此，中國也存在各種組織、各種利益團體。

今後二年我就像是應考生一樣

司儀：據說最受上海幫和太子黨等支持的是習近平。

習近平守護靈：哈哈哈，你很「狡猾」啊！

司儀：（笑）。

習近平守護靈：我不會輕易就說出心裡話的。我還有二年需謹慎，就像是應考生一樣。

司儀：你是應考生嗎？

習近平守護靈：我還是應考生，大學考試還沒有合格呢！我還是應考生。

司儀：上次溫家寶的守護靈來到這裡，他沒有聽說過幸福科學。因此，可以以「在中國，還沒有那麼多人閱讀幸福科學出版的書籍」為前提，說出心裡話。

習近平守護靈：啊，是嗎？嗯。

以反日遊行點燃了「中日逆轉的狼煙」

司儀：我有一個很大的疑問。如今中國的內陸地區在舉行大規模的反日遊行。這些遊行好像是政府所組織的學生們進行的，他們沒有接受指示是不會輕舉妄動的。

習近平守護靈：嗯。

司儀：有人認為在背後進行指使的是江澤民或你。

習近平守護靈：江澤民雖然退休了，但不是說就沒有影響力了。北朝鮮也一樣，在政權進行交替的時候，必須施放一些「煙火」。

司儀：原來如此。

習近平守護靈：必須以某種形式，進行一些慶祝。

司儀：反日遊行屬於放「煙火」？

習近平守護靈：但對於日本來說是「黑船來襲」，我們只是放煙火進行慶祝，你們卻覺得自己「被佔領了」。

司儀：在中國國內那算是「煙火」？

習近平守護靈：沒錯。

司儀：放「煙火」的目的是什麼呢？

習近平守護靈：這是點燃了「中日逆轉的狼煙」。

司儀：是狼煙啊？但如今中國國內最大的問題是權力鬥爭，如果出現這種情況，誰最麻煩？

習近平守護靈：雖然說「在經濟上日本強於中國」，但今年二〇一〇年局勢會逆轉。因此，必須說「日本經濟成為了中國經濟的僕人」。

還有，我們必須告訴世界「中國已經實現與美國對等，兩國成為了可以進行相撲的東西橫綱」、「從世界第二位滑落的日本，已經不是橫綱」。如今，進行排日運動、不買日貨運動、火攻、遊行等，一般來說，對於經濟是不利的，我們還沒有笨到讀不懂這些。

出現這樣的混亂，一般會出現一時性的負面影響，會受到全世界的非難，這些我們很清楚。中國高層指導部也都是些知識份子。這種程度的事情全部都在計算之內，他們正在測試中國是否具備著忍耐這種逆風的體力，雖然不能說是「小聰明」，但如今正在進行試驗。

「在此過程中，決定下任指導者」，中國高層有著如此考慮，在此意義上，中國也許與北朝鮮有些相似。

「料理」胡錦濤和溫家寶、檢驗李克強

司儀：如今最麻煩的是胡錦濤吧？

習近平守護靈：嗯？胡錦濤？啊！我必須注意措詞，你有學英語嗎？

司儀：有學習一點。

習近平守護靈：他可以說「lame duck」，明白嗎？lame duck？你翻譯一下。嗯？翻譯不出來？翻譯不了lame duck？還是中國的英語能力比日本高。你翻譯不了lame duck？（面向松島）你呢？你原本是大公司職員？翻譯

不了？翻譯不了！讓我說？

這通常是指美國總統的任期最後一年。因此，就是「已經使用過了」，就像是脖子已經被吊起來，只等著被料理的火雞一樣。脖子已經被吊起來的火雞，被稱為「lame duck」。

胡錦濤已經是「脖子被吊起來的火雞」，接下來就是被料理，端到宴會上。這些話是不能說的話啊（會場笑）！

司儀：誰進行料理？

習近平守護靈：是我啊！

司儀：果然！

習近平守護靈：當然！

司儀：果然！

習近平守護靈：嗯。在我作為國家主席任期開始的前二年，我就被賦予了相當大的力量，在此期間當然必須處理「這事兒」。

司儀：「料理」的對象是胡錦濤、溫家寶？

習近平守護靈：當然也料理「溫家寶」。

司儀：李克強呢？

習近平守護靈：我還要看看他是否忠誠於我。

但只要有胡錦濤在，就無法肅清他。只要有胡錦濤在，就無法出手，只要確認胡錦濤已經成為了lame duck、死火雞，總之只要確認了「軍隊不會服從胡錦濤的命令」，我就會檢驗李克強是否會「發誓效忠於我」。

司儀：其他還有你認為「必須料理」的人嗎？

習近平守護靈：現在除李克強以外，我認為沒有競爭對手。

司儀：我明白了。

習近平守護靈：他與胡錦濤是一體的。

六、是否在對日本的媒體及政治家進行「間諜活動」

松島：在更換提問者之前，我還有一點想要詢問。中國在間諜活動、外交活動上非常擅長，與日本的外交相比……

習近平守護靈：你們所講的全是小話題，小話題，全部都是小話題……

松島：關於今後中日關係的大話題，下一個提問者會提問。中國是如何對日本的媒體進行間諜活動的？還有對政治家的間諜活動。

習近平守護靈：對媒體完全沒有進行間諜活動。

松島：不，那個NHK……

習近平守護靈：我們對媒體完全沒有進行間諜活動。但日本的媒體無法無視中國對世界形勢所造成的影響，所以才進行報導，不是嗎？他們在巴結中國。日本的媒體在巴結中國，他們必須從中國得到情報才能夠進行報導，而且量在逐漸增加。為了能夠對中國的消息進行報導，拼命想擠進中國，進行朝貢、巴結，我們沒有進行任何間諜活動，我們沒做那種小裡小氣的事情。

松島：是嗎？關於政治家，也是……

習近平守護靈：啊，一樣。從你們看來，中國是封閉的國家，他們為了獲得我們的情報，如今在向我們獻媚，從我們這邊沒有提出任何要求。

松島：明白了。

接下來更換提問者，對於今後與日本的關係……

習近平守護靈：與日本的關係？嗯。

松島：在習近平有可能任職最高指導者的、從二〇一二年至二〇二二年的十年間……

習近平守護靈：（面對下一個提問者里村）下一個人是什麼？你是外星人嗎？

有人說你是外星人吧？

喂，我們中國人可是會吃青蛙和蛇的。

松島：（苦笑）現在我們更換提問者。

七、習近平打算如何處理今後的中日關係？

二年前曾出版的《下任皇帝》

習近平守護靈：聽說你是青蛙，我可不怕。哈哈哈哈！哈哈哈哈！

里村：請讓我們更換提問者。

習近平守護靈：看起來很好吃的青蛙。在上海，像你這樣的青蛙到處都有賣。

里村：（苦笑）

習近平守護靈：料理之後吃，很好吃啊！

里村：我在中國也有看到很多。

習近平守護靈：哈哈哈！

里村：謝謝今天能給我們這樣的機會。二年前，我曾參與出版了有關習近平內容的書籍《下任皇帝》。

習近平守護靈：是嗎？

里村：毫無疑問，那本書是日本最早出版的評論習近平的書籍。

習近平守護靈：是嗎？你是那麼了不起的人嗎？

里村：從那時起我就等待著今天。

習近平守護靈：哦？你很了不起嘛！

里村：沒有、沒有。

習近平守護靈：你是很有名的媒體嗎？

里村：不，我以前是雜誌《The Liberty》的總編。

習近平守護靈：我知道，我故意那麼說的（會場笑），對不起啊！

里村：哎！

習近平守護靈：我有些壞，故意那麼說的。對不起啊！是我不好，對不起！

里村：哪裡、哪裡。能直接與習近平的守護靈進行交談，實在是難得的機會，謝謝。

習近平守護靈：如果你把《The Liberty》的內容更親近中國，我就可以暢所欲言了。

里村：根據這次談話的內容，……

習近平守護靈：今天你們打算寫我的壞話吧？

里村：哪裡、哪裡，我們沒有那樣的打算。

習近平守護靈：如果是那樣可不行。

想要建設世界帝國、使中國成為「世界第一國家」

里村：我想率直地進行提問。日後你將出任黨中央軍事委員會副主席，剛才也談到了權力鬥爭的話題。

習近平守護靈：所謂權利鬥爭的問題，實在是不值一提。建立了巨大的、偉大的國家，那是肯定會發生的事情，就是「適者生存的法則」。不必橫眉豎眼地過於討論。

里村：我想問問在全世界媒體還沒有進行報導的內容。作為將來的國家主席，習近平的本意是想將中國建設成為什麼樣的國家？

習近平守護靈：「世界第一國家」。這名字你們也非常喜歡吧？你們不是號稱「世界第一宗教」嗎？我比其他中國人知道得更多吧！我可是知日派，所以知道得更多。你們想成為世界宗教吧？一樣，我跟你們心情一樣。

里村：哎……

習近平守護靈：我們想成為世界國家，想建設像過去那樣的大唐帝國及元朝一樣的世界帝國，想向全世界宣告「中國時代已經到來」，我可是擁有如此遠大的志向啊！

里村：世界第一是指經濟方面的力量？還是也包括軍事力量……

習近平守護靈：所有方面。

里村：所有方面？

習近平守護靈：所有方面。

習近平想讓中國八成的國民擁有「中產階級意識」

里村：但剛才也說到你走入市民之中，備受苦勞，如今中國國民間的經濟差距增大。

習近平守護靈：嗯嗯，解決這個問題就是我的任務。

里村：那就是讓庶民富裕起來……

習近平守護靈：當然！

里村：幸福……

習近平守護靈：當然，正是那樣！

里村：你是如何看待「中國普通平民的幸福」？

習近平守護靈：關於這一點，我想「努力讓所有人都在某種程度上達到中產階級水準」，我想建立這樣的國家。南方沿海地方雖然存在大富豪，讓所有人都成為大富豪是很難的。從人口數量看來。但我想盡力讓他們達到中產階級水準。關於這一點，我願意謙虛地向日本學習。

在日本，認為「自己是下層階級」的人很少吧？如今在日本還不到一成的人口吧？大體上，大家都認為自己是「中產階級」吧。這樣的人口有八成吧？在日本，認為自己是所謂上層階級、富裕階級的人，也許不過是一成左右，認為自己是「下層」的不過是一成左右，但八成的人們認為自己是「中層、中產」。作為國家，我準備認真學習日本的長處。

因此，我想建立八成左右的人們，認為自己是「中產階級」的國家。「有錢人口」占一成，貧窮人口不可能一點都沒有，但我想將數量控制在一成之內。關於這方面，我想將日本作為典範來學習。

里村：對此，你能夠把日本作為參考的對象，非常了不起。但如今中國能量及資源極度不足，中國也成為了石油輸入國。關於這一點，你是如何考慮的呢？

習近平守護靈：中國怎麼說也是人口太多了。

我不知道你們一般家庭有多少人口，但差不多都是三人、四人左右吧！想一想，家庭人口是十五人、二十人會怎麼樣？如果是那樣，吃晚飯的時候就是像「打仗」，一不小心，就沒吃的了。

這就是中國的現狀，我看我們真的是要認真養殖蛇和青蛙之類的。糧食危機、水資源危機、能源危機、就算想生產也沒有鐵礦資源的危機，各種各樣的危機，今後有可能會發生。如今需要能夠對應這些情況，讓大部分國民都達到中產階級的大器人材。

里村：之前，溫家寶的守護靈說「因為資源不足，所以必須走向世界、奪取資源」。

習近平守護靈：我們沒有打算奪取啊！我們想和平解決。雖然沒有奪取的打算，但為了確保中國人的生存，必須以國家作為後盾。

里村：這個的措辭非常巧妙。

習近平守護靈：哈哈哈！我還有二年才上任，我可是「應考生」（會場笑）。明白嗎？我還沒有合格呢！

想要締結「中日同盟」、合併中國與日本

里村：那麼，關於日本，你打算怎麼辦呢？

習近平守護靈：日本？講到這兒也必須小心措辭，我認為日本是非常好的國家、是友好國家。因此，如果可以的話……怎麼樣？你在《The Liberty》雜誌還有影響力嗎？你犯錯下臺了嗎？怎麼樣？你對這雜誌還有影響力嗎？

里村：多少還有些影響力。

習近平守護靈：多少還有些？

里村：是，多少還有些。我不是因為犯錯而下臺（會場笑）。

習近平守護靈：（手指里村）我看你現在冒冷汗了，下一任總編不會肅清你嗎？

里村：沒事兒，我還沒有被肅清（笑）。

習近平守護靈：還沒有被肅清？你還有影響力？

兩國必須好好講道理，我的本心是締結「中日同盟」。「日美同盟已經過了五十年，已經過了使用期限」、「如今，締結中日同盟更有助於亞洲的安定與繁榮」，所以如果我成為國家主席就希望能夠締結「中日同盟」。這就是我對日本提出的希望，希望《The Liberty》能將此當作獨家新聞大加報導。

里村：但，說是「中日同盟」，可「同盟」這個詞是否適當……

習近平守護靈：是同盟。

里村：實際上不會是「附屬國化」吧？

習近平守護靈：不是那樣的，是對等合併，不是附屬國化。

司儀：合併？

習近平守護靈：嗯？嗯？合併在日本是不好的詞嗎？

司儀：所謂合併，具體是什麼樣子？

習近平守護靈：合併在日本是不好的意思嗎？

合併不是好事嗎？就像日產與雷諾合併一樣。

司儀：是像「合併韓國」一樣的合併嗎？

習近平守護靈：不，就像日產與雷諾合併一樣……

司儀：是「中國合併日本」嗎？

習近平守護靈：嗯？嗯？就像全球企業豐田與GM進行合併，這不是什麼壞話吧？就是那樣的感覺。所以中國與日本，競爭世界第二的兩大國家如果合併了，不是就具備了與「美帝國主義」進行對抗的戰力了嗎？

司儀：那麼，政府是變成一個嗎？

習近平守護靈：不是那樣的，是對等合併。所以，也許會派遣要員，但說的是「對等合併」。

里村：從中國建國以來的歷史來看，無論是西藏還是新疆，都是以這樣的形勢……

習近平守護靈：是，進行合併。

里村：合併之後，就不再讓西藏使用西藏語言了。

習近平守護靈：哎、哎，啊……

里村：兩天前在中國青海省的西藏自治區，西藏族的高中生們數千人舉行遊行，抗議強行實施漢語教育。

習近平守護靈：那麼點小事，你不能刊登在《The Liberty》這樣的大雜誌上啊！

里村：那不是小事，是非常重要的事情。

那麼，你想將日本建設成什麼樣的國家呢？

習近平守護靈：我打算從漢族派些要員來。

里村：那就更接近是「吸收合併」了。

習近平守護靈：不，是「對話合併」，所以不是那樣的。進行對話合併。我覺得與現在的民主黨就可以進行對話。雖然今年二〇一〇後半年中國與日本的關係稍微有點混亂，但這不過是中國稍微搖晃一下日本，不是我們的本意。原本想「與民主黨政權和諧相處」。但，如果不聽話，就稍微搖晃一下，也不是沒有這樣的事情。

天皇每年一次進行「朝貢」

司儀：合併之後的政治體制，比如日本的天皇制，會變成怎樣呢？

習近平守護靈：天皇制？我們會讓天皇來中國。

司儀：那不就像西藏的達賴喇嘛一樣嗎？

習近平守護靈：天皇每年來中國一次，謁見作為「中國皇帝」的我，這樣也可以啊！這就是「中日同盟」。

里村：不，那不就是中國歷史上的「朝貢」嗎？

習近平守護靈：是啊！那是傳統的、非常了不起的事情，是中國最光輝閃耀的時代。

里村：中國過去是那樣的。但在日本歷史上，日本不曾進行過朝貢。

習近平守護靈：你們現在被騙了，要小心。你們從靈界召喚來了很多人，究竟是什麼人物很難弄清楚吧！所以，為了不讓你們走錯路，我現在要正確地教導你們，要仔細聽好。

你們建立了政黨，在進行活動吧？雖然影響力還很微弱，但是已經開始對日本的意見稍微產生了一些影響。

我對此進行了分析，那個叫什麼黨來著……幸福黨？

里村：幸福實現黨。

習近平守護靈：是實現黨啊！在立黨的時候，聖德太子參加了。他面對大中國不知天高地厚說出「對等外交」。

自從你們立黨之後，日本就出現了與中國對等為伍的氛圍，這是讓日本陷入極度危機的想法。

所以，如果想保護日本，就必須稱讚中國，進入中國的保護傘下。那是保護日本的最佳道路、唯一道路。

里村：那不是對等合併。

習近平守護靈：是對等。只要天皇每年來中國進行一次朝貢，那就可以了。

里村：不，那與其說是「日本受到保護」，不如……

習近平守護靈：是保護。

里村：那是「失去了日本」，那難道不意味著「失去獨立」嗎？

習近平守護靈：不，不是那樣的。我們在保護蒙古、保護新疆、從達賴喇嘛那裡保護西藏。

八、習近平守護靈所描繪的「世界帝國」構想

將中國的人口分給澳洲

里村：那種「保護」的意識是錯誤的吧？

習近平守護靈：不久後我們也會保護印度、保護巴基斯坦。澳洲的人口一直無法增加，我們也願意將中國偉大的人口分給他們一些。澳洲的土地不是很遼闊嗎？那麼大的國家，只有一點原住民，還有一些被流放的白人，

人口根本不可能增加。女性不足，當然嬰孩也不會增加。因此，進行五千萬人的中國人移民，如此一來就會實現大發展。

里村：那就要看澳洲願不願意了。

習近平守護靈：那肯定是願意了，我會將他們當作名譽白人對待的。

東南亞諸國被美國洗腦了

里村：現在習近平的守護靈說「保護」，但東南亞諸國……

習近平守護靈：保護，保護日本。

里村：近期就有ASEAN（東南亞國家協定）首腦會議舉行，其中，那些被你說要「保護」的國家都說「可怕」……

習近平守護靈：那是錯誤的，那是被美國洗腦了。在第二次世界大戰中，美國偶然戰勝了日本，找到了大好機會，將霸權延展到了亞洲，從歷史看來，這是正確的嗎？觀看五千年的歷史，大西洋另一邊的美國支配亞洲地區，你倒是說說心裡話，這對嗎？

黃色人種全部置於中國的支配之下

里村：反之，我想聽聽你的心裡話，你想將中國的版圖擴張到太平洋的什麼地方？

習近平守護靈：黃色人種全部置於中國的支配之下。不，「支配下」這個詞不好，是置於中國的「保護下」。

里村：啊～，你剛才可是說了「支配下」……？

習近平守護靈：不，我說錯了（會場笑）。

里村：你想擴張到太平洋的什麼地方？

習近平守護靈：所以說黃色人種全部置於保護之下。還有白人，澳洲雖然資源豐富，但人口不足、產業落後，太可憐了，所以想稍稍幫助一下他們。

想將非洲變成「中國的糧食倉庫」

習近平守護靈：還有非洲，雖然不是黃色人種，但也出現了歐巴馬一樣的優秀人才。現在我正在想把非洲變成「中國的糧食倉庫」。

里村：變成糧食倉庫？

習近平守護靈：對，變成糧食倉庫。

里村：如此「幫助」還真是耐人尋味啊！

習近平守護靈：不，中國人口估計會增加到十五億、十六億，要想解決這麼多人的吃飯問題，必須輸入大量糧食。非洲國家最落後，因此首先進行糧食增產，扶植產業。非洲國家若想增加外匯，就必須出口產品，中國如果購買糧食，非洲國家就會富裕，中產階級就會增加；這對於非洲來說也是很好的選擇。

里村：非洲的事情我明白了。

沖繩原本是受中國支配的

里村：話題返回到地圖，從習近平的守護靈看來，沖繩是日本的領土？還是中國的領土？

習近平守護靈：當然，沖繩原本是中國人支配的國家。所謂「琉球國」是屬於中國的。

里村：確實從中國也去了很多人。
習近平守護靈：那裡不就是有著中國文化嗎？不是有個什麼有名的門嗎？守禮門？
里村：對，是守禮門。
習近平守護靈：還有從民族服裝來看，琉球全部都是中國文化。你們佔領了沖繩，強調你們的權利，但那原本是屬於中國的。
里村：那麼你的認識是「日本佔領了沖繩」？
習近平守護靈：是倭人佔領，我們感覺到倭人佔領了沖繩。更別提美國人了，那是大佔領。
里村：那麼中國想要把美國基地趕出沖繩？
習近平守護靈：不，我是想「早日解放琉球人」。

西藏與新疆歸屬「大中國」後才有了發展

里村：聽到「解放」這個詞，我總是嚇一跳。中國總是說「解放」，把西藏人等……
習近平守護靈：是解放啊！沖繩可不是被美國侵略了？

在第二次世界大戰中，中國接受了美國的幫助，這樣說好像有點不好，但被美國解放之後，也路途漫長。

因此，不能相信歐美人。強佔他人之地為殖民地的只有歐美吧？雖然日本曾稍微模仿了一下，但黃色人種沒有做什麼壞事。

強佔非洲為殖民地、強佔亞洲為殖民地的都是歐美人。我要結束這樣的時代，這是非常重要的使命。

司儀：但在現今，中國將西藏和新疆作為殖民地。

習近平守護靈：嗯？但在原來的「大中國」時代是一體的。

司儀：不，與其說是「大中國」，在現代，實行殖民地支配的只有中國。

習近平守護靈：但如果他們保持獨立，經濟實力、軍事實力、政治實力都不足，已經前途暗淡，還是進入了「大中國」才有發展。

司儀：那是詭辯。

習近平守護靈：不是，你知道嗎？現在西藏也有高速鐵道，太了不起了……

司儀：就算有那樣的鐵道，如果不能使用自己國家的語言，也沒有什麼意義。

今後中文會成為世界語

習近平守護靈：不，所謂語言，最後只留一個就可以了。

司儀：那是你的理由。

里村：但那也不必非中文不可。

習近平守護靈：世界上存在這麼多種語言……

司儀：那為什麼就不能說藏文呢？

習近平守護靈：世界上有太多種語言，那成為人類之間的障礙。你們讀過《舊約聖經》吧？因為通天塔的關係，神發怒了，讓人類說不同的語言，不能夠再理解對方的意思。為了讓人們能夠互相理解對方的意思，進行語言統一是偉大的……

司儀：關於語言……

習近平守護靈：為此，能成為世界語的，那即是世界上人口最多的地方之語言，今後人口會增加到十六億的中國，就是語言的中心。如果增加學習者的數量，使用中文的人口就會達到三十億左右，中文就會成為世界語。

中國男人精力旺盛，所以需要宦官制度

司儀：但也因此人們會被洗腦，會被迫接受讚美中國的教育。

習近平守護靈：不，怎麼可以說那是洗腦？你知道嗎？在隋朝和唐朝時，日本人也大量學習中國的制度和文化，以後也是一樣。

里村：但也有很多制度和文化沒有引入，比如宦官和纏足。

習近平守護靈：所以說日本男人精力太弱，不需要那些。

里村：不是。

習近平守護靈：中國男人精力旺盛。常吃青蛙增加體力，很危險啊（會場笑）。所以需要那樣的制度。置之不管就會灑下種子，所以必須去除。常吃蛇和青蛙，體力會增加。日本男人精力太弱，所以不用這麼做也沒關係。

里村：不對，我也吃青蛙。

堂堂正正布下陣來，「解放」沖繩

里村：那些暫且不談，解放沖繩的作戰會從什麼時候開始？

習近平守護靈：什麼時候解放沖繩？嗯，別的先不說，沖繩被美國佔領的時間過長，沖繩人是非常可憐的。

過去美國以「幫助中國」為名，全部佔領了日本。「美國撤退」對於日本來說不也是好事嗎？

現在還剩下沖繩被美國佔領，我必須想方設法解放沖繩。

里村：為此，從事各種間諜工作的人已經進入了沖繩。

習近平守護靈：「間諜工作」這個詞太小了。不是這樣的，關於沖繩，我打算「堂堂正正布下陣來，解放沖繩」。

司儀：但是溫家寶說「間諜已經充分進駐」。

習近平守護靈：他的器量太小，使用「間諜」這個詞，我是大人物，不使用那樣的語言。

司儀：不管人物大小，現狀是「進駐」了。

習近平守護靈：嗯？

司儀：現在已經進駐了吧？

習近平守護靈：我不喜歡那樣的措辭。

釣魚台問題是為了動搖日本的「外交、軍事訓練」

司儀：關於釣魚台問題還沒有最終的結論，據說會在下次日中首腦會談上進行討論，關於這問題你怎麼看呢？

習近平守護靈：那是為了動搖日本的外交力量、軍事力量及日美關係的一次「訓練」。我們是在進行外交與軍事訓練，像釣魚台那樣的小島，實際上根本是無所謂的。

司儀：那麼就是說放棄了嗎？

習近平守護靈：不，哈哈哈哈！你的想法太小了。

司儀：不不，我是故意說的。

習近平守護靈：我們只是在進行練習，在動搖日本政府。

里村：那就是中國準備堂堂正正進軍了。也就是說，建造航空母艦……
習近平守護靈：沒有必要進軍。只要準備好了，就意味著結束了。
里村：日本會豎起白旗？
習近平守護靈：對，因此沒有必要進行戰鬥。原本能與「大中國」進行戰鬥的國家，歷史上就不存在。
里村：嗯。
習近平守護靈：中國近代曾被歐美侵食，實在是令人遺憾的歷史。鴉片戰爭之後，既輸給了日本，又被侵略了。因此，為了不讓這令人遺憾的歷史二次上演，所以要建設「大中華帝國」。
司儀：原來如此。

日本人會使用刀卻不會使用核武

里村：你是想不戰就讓日本舉起白旗，但反之，日本做什麼你會覺得麻煩呢？
習近平守護靈：日本已經沒有那樣的人才了吧？從我看來，已經沒有那樣的人才了。

里村：若是日本出現了核子武裝論會怎麼樣？

習近平守護靈：沒關係啊！日本不會真正想打仗的。江澤民也一樣，中國人生氣的時候是非常可怕的。若我們大怒，威脅說要使用核武，日本就會退卻。

里村：但到了關鍵時刻，日本人奮起的速度也非常快。

習近平守護靈：可是你們雖然會使用刀，但不會使用核武。

里村：除了核武，我們在考慮建造核子潛水艇。

習近平守護靈：嗯？那一點都不可怕。在之前的戰爭時，日本進攻到中國的內陸，最後失敗了吧？中國幅員遼闊，你們無法支配，你們只有一億人口吧？那是不可能的事。

里村：日本沒打算進攻到中國內陸。

習近平守護靈：所以，歸根結底，日本就是無法取勝。我們在中國內陸建立核武設施，一旦攻擊日本，日本就會輸。我們已經在內陸建立了很多核武設施。

美國徹底削弱了戰後的日本

里村：如果日本出現了「修改憲法」的舉動，會如何呢？

習近平守護靈：嗯，回顧日本過去的六十五年，與從前相比，日本人徹底變傻了。過去更可怕些，戰前的日本人散放著光芒，頭腦聰明、體力及精神力也強大，日本是很可怕的國家。因此，那時中國人很難戰勝日本人。戰前的日本作為「武士國家」，智力、體力都很優秀，軍事訓練也很嚴格、軍紀也很好，是一個強國。但戰後的日本完全被美國削弱了，已經變成了只會嚼口香糖、打棒球的國家。已經墮落到了這種水準。

在這種意義上，美國削弱了日本的力量。

里村：說到強大，「武士國家日本的復活」就屬於一件可怕的事情。

習近平守護靈：不，你們最多就只能防衛日本列島了。但是如果我們拿下了韓國，你們就會投降吧！

日本包圍網已經接近完成

里村：但今後日本不僅只考慮日本的事情，還會呼籲「東南亞的防衛」。

習近平守護靈：你太天真了，印尼已經是中國的掌中之物。

日本包圍網已經接近完成，只要進行夾擊，你們是無法逃脫的。在日本的周圍都是向中國進行朝貢的國家，最後只有日本是孤立的。

里村：印尼已經落入掌中了嗎？

習近平守護靈：落入了，已經落入了。

下一個就是澳洲，我們現在正努力著呢！正在努力讓他們歸順中國。

還有東南亞，那樣願意歸順中國的國家應該已經出現了。

里村：中國與俄羅斯、北朝鮮、巴基斯坦、伊朗的關係如何？

習近平守護靈：俄羅斯？今後日本會右翼化，和俄羅斯之間在領土問題上會發生糾紛，只有在這方面中日有共同點。

中國和俄羅斯原本關係就不好，但只要日本進行「返還北方四島領土」運動，我們就能與俄羅斯聯手。

因此，只要與俄羅斯不發生戰爭就夠了。我們沒想把俄羅斯也占為自己的領土。那裡是不毛之地，我們不需要。

里村：北朝鮮最近被指名的繼承者金正恩如何？

習近平守護靈：嗯，年輕，好利用。

里村：原來如此，是好利用。

習近平守護靈：嗯，好利用，很可愛啊！

里村：我還想問一句，關於巴基斯坦，還有今後想成為核武持有國的伊朗如何？

習近平守護靈：水面下同盟關係在進展啊！巴基斯坦和伊朗已經進入中國傘下。

如今正準備進入名為「大中華帝國」的新文明建設

里村：建立這樣的聯繫，準備建立什麼樣的世界呢？

習近平守護靈：中國可以進行武器輸出。你們做不到吧？中國可以無限的提供技術和武器輸出。

里村：建立這樣新的軸心，準備建立什麼樣的世界呢？

習近平守護靈：如今正準備進入名為「大中華帝國」的新文明建設，歐美文明已經結束了。從工業革命到二十一世紀初為止，歐美文明，也就是盎格魯撒克遜人支配世界的時代結束之後，世界史上「大中華帝國」的時代即將開始；這即是我們的構想

準備以「新型馬克思主義」來超越資本主義

里村：是嗎？「大中華帝國」是很大的話題，那個國家所使用的語言是什麼呢？

習近平守護靈：當然是中文。

里村：貨幣呢？

習近平守護靈：人民幣。

里村：「言論的自由」會怎麼樣？

習近平守護靈：什麼的言論自由？

里村：暢所欲言的自由。

司儀：宗教、信教呢？

習近平守護靈：只要你們不違反「做為國民的義務」就是自由的。

里村：什麼是「做為國民的義務」？

習近平守護靈：那就是需要「支援體制」。

里村：那麼「批判體制的自由」受到認可嗎？

習近平守護靈：在廁所裡說不要緊。

里村：那「信教的自由」呢？

習近平守護靈：「信教的自由」？現在的憲法也承認五大宗教啊！如果你們也想被承認，就要拼命書寫讚美中國的文章，那麼我就允許你們的宗教在中國傳道一百萬人。

里村：但中國憲法保障的「信教的自由」，歸根結底是中國政府決定宗教的領袖，講直接一點，就是國家在進行支配。

習近平守護靈：所以你們是錯誤的。你們更傾向於「馬克思主義已經敗北」的思想，當然，俄羅斯、蘇聯是那樣的情況。但中國對此進行學習，對馬克思主義進行了改革，如今正在準備建設「能夠存活的馬克思主義」、

「新型修正的馬克思主義」。如今我們正在研究開發超越資本主義的「新型馬克思主義」。

馬克思主義絕非壞事。日本的菁英們對此受到吸引，菅直人、仙谷由人這些日本的指導者們，也極度被馬克思主義吸引。

他們為什麼會被吸引？那還是因為馬克思主義所提倡的平等主義。如此平等主義能夠建立我們所希望建立的中產階級，即便採取民主主義的多數決，但最後還是能夠取得大部分人的同意。

因此，馬克思主義只要克服了矛盾點，還是可以使用的思想。

今後上海會成為「紐約」

里村：但是現在的中國泡沫經濟問題極度增大，存在經濟崩潰的危險性。

習近平守護靈：不，不會發生像美國和日本那麼嚴重的經濟崩潰。因為本來基礎就很差（笑），那沒什麼了不起的。

里村：但上海已經出現了全是沒有住戶的空房子，但房租卻不斷上漲的現象。我問當地居民，對方說「這是上海市決定的金額」。這完全是無視市場原理，我認為已經出現了危險的徵兆。

習近平守護靈：你又誤解了，上海會成為「紐約」的。就像過去亞洲、非洲其主要國家的經濟人和經濟菁英們，聚集於紐約一樣，今後這些菁英們會聚集於上海。現在所謂的「空房間」現象，那不過是當上海成為世界國際都市時，預備好空房間，準備接受他們。

里村：我明白了。

在大中華帝國中「日本人的位置」

里村：那麼，話題再回到大中華帝國，在那裡日本人處於何種地位呢？

習近平守護靈：是「倭人」啊！因為是「倭國」。小個子的、幹壞事的倭人。

里村：你那是蔑稱。

習近平守護靈：倭人一直都在襲擊中國的沿海地區。我們不喜歡那種類型的倭人，但如果是和諧的、和平的「和之國」的「和人」，我相信可以和平共存。

里村：所謂和平共存，具體是什麼樣子？

習近平守護靈：所以就是天皇每年一次來到北京謁見，中國的國家主席也能夠安全地與日本進行交流，「中日同盟」不就成立了嗎？

里村：是向「中國皇帝」問候？

習近平守護靈：如果天皇來謁見，我當然也會出現在東京和京都。還會參拜廣島，兩國共同發誓「堅決不讓類似的美帝國主義的破壞活動，再次在地球上發生」。這非常重要。

九、令人吃驚的習近平守護靈的「真面目」

里村：聽到這些話，我的腦海裡浮現了「第三帝國」這個詞。

習近平守護靈：不要與那樣的小帝國混為一談，我們更大。

里村：您有看過希特勒嗎？

習近平守護靈：我？我和希特勒那樣的小人物不一樣。

里村：什麼？

習近平守護靈：我是更偉大的人物。

里村：更偉大？

習近平守護靈：我不是那種小人物。

里村：那你是什麼樣的人物？

習近平守護靈：我？

里村：你說自己是「皇帝」……

習近平守護靈：我？想知道？

里村：是。

習近平守護靈：我是成吉思汗。

里村：啊！這麼說習近平的前世是成吉思汗？

習近平守護靈：是，轉生了。

里村：這樣啊！

習近平守護靈：這很有可信度吧！我可是中國的主席。

里村：所以剛才出現了「元朝」這個詞。

習近平守護靈：對，我就是成吉思汗。

因此，今後是中國的時代，我就是世界精神，我的想法將支配世界。

如何看待「元寇」

司儀：元寇在日本失敗了。

習近平守護靈：你啊！

司儀：是。

習近平守護靈：你淨說小事。

司儀：輸了是小事嗎？

里村：我覺得是大事。

習近平守護靈：那是小事。

司儀：你知道「業」這個字嗎？如果真的如你所說，你是成吉思汗，元這個國家雖然進攻了日本，但卻沒有獲勝（元寇是指成吉思汗孫子忽必烈的時代）。

習近平守護靈：那是因為當時的造船技術不好，還有颱風影響。但當時沒有一個亞洲國家能攻佔到歐洲，我們卻攻打到了法國附近。

里村：元雖然成為了世界帝國，但……

習近平守護靈：這一次是要攻佔到非洲。

里村：但元沒有戰勝的國家是日本。

習近平守護靈：不，那是因為有海，剛好有海……

司儀：現在也有海。

習近平守護靈：雖然有波浪洶湧的大海，但如今氣象學和造船業發達，還有飛機，時代與過去不同了。你剛才說「前世的業」，如果現在教科書還說我「前世失敗了」，我就把教科書改過來給你們看看。

司儀：但即便是改了教科書，也不能消除業。

習近平守護靈：啊～，我不知道啦！但如果說「元失敗了」，那我就給你們看看沒有失敗的地方。

在其他的轉生中存在建立「亞述帝國」的記憶

里村：你是「成吉思汗」，這是個大新聞。

習近平守護靈：是吧？

里村：全世界人都會關心的。

習近平守護靈：對，所以要儘早皈依我。

里村：成吉思汗的墓穴到現在還沒有被發現，你死後變成什麼樣子了？

習近平守護靈：我不是回到天上界變神仙了嗎？你在說什麼啊？

里村：什麼樣的天上界？

習近平守護靈：天上界？我是「世界最崇高的神」。

里村：你周圍都有些什麼人啊？

習近平守護靈：在很遠很遠的下面，好像能夠看見愛爾康大靈。

里村：不，你好像搞反了，你上下顛倒了吧？

習近平守護靈：我還有兩年，是「應考生」，必須注意措詞。建立了大元帝國，不，我說錯了，如果建立了大中華帝國的現代版，如此偉業就不比基督和釋迦的偉業差。

里村：成吉思汗還曾轉生為什麼樣的人呢？

習近平守護靈：嗯？成吉思汗？

里村：是。

習近平守護靈：如此偉大的人物，不會轉生那麼多次，我記得在很久之前，曾經在中東建立了一大帝國。好像是亞述帝國。

里村：啊！

習近平守護靈：我記得曾發明鐵製武器，成為中東的支配者，攻打到非洲。

里村：是很了不起的人啊！

習近平守護靈：所以，我是世界第一。

如果沒有「經營之才」，就無法建立世界帝國

司儀：那麼，你最擅長的是軍事。

習近平守護靈：對，是軍事。向你們展示經濟才能不過是「前菜」而已。

司儀：你夫人偽裝成歌手，實際上卻是人民解放軍少將，這是女性的最高職位。

習近平守護靈：你說「偽裝成歌手」！

司儀：不是偽裝，是歌手。

習近平守護靈：她在中國已經被視為是職業歌手了，不是偽裝。

司儀：我失禮了。不是偽裝是真的。

習近平守護靈：你這麼說，對她太失禮了吧？

司儀：是。

習近平守護靈：目的是要製造「皇帝夫妻」，所以才是這樣子的。

里村：你擁有軍事才能，那麼「支配世界」也是你今世的一大目標嗎？

習近平守護靈：成吉思汗不是僅靠軍事力量奪取世界的。實際上，如果沒有各種戰略、戰術、建造帝國的方法、用兵、後勤支援，是無法建立世界帝國的，所以我是「綜合藝術家」。

美國無法支配世界，正在走向「下坡」

司儀：元朝為什麼會滅亡？今後你打算如何改善這一弱點？

習近平守護靈：那是因為滅亡的時刻到來了。前任者才能過於巨大的時候，後繼者會無法繼承。後繼者能力不足，就會分裂，最後王朝就會改變。

但至少「試圖建立世界帝國」，這本身是符合神心的。因此，在歷史上才會時而出現力圖建造世界帝國的人。

我說過「希特勒是小人物」吧？連歐洲都沒有統一。我是在現實中曾經建立世界帝國的人物之一。

司儀：中國如果分裂的話就會滅亡？

習近平守護靈：美國試圖建立世界帝國，但失敗了。他們試圖建立世界帝國，至日本戰敗為止前都還可以。

美國之前是英國吧？從英國時代到美國時代，擊敗日本，美國成為超級大國。雖然已經將霸權擴展到太平洋，但殖民地時代已經結束，能夠佔領的就只剩下了夏威夷和關島。

美國無法建立世界帝國，所以他們想要以強大的軍事力量威脅，試圖使其他國家臣服於美國。可口可樂、漢堡、麥當勞，這些也許傳遍了全世界，但很遺憾，美國文化最終沒能夠支配世界。而且，如今已經越過了頂峰、頂點，開始走入下坡。

會有後來之人出現的。你們有你們的想法，想要將日本文明推廣到全世界，但且慢，那可不行。比起一億兩千萬人口來說，以十三億人為基礎的世界帝國構想，現實化的可能性更大，至少大上十倍。

印度需要以無神論、唯物論進行大掃除

司儀：成吉思汗不承認宗教吧？

習近平守護靈：承認也可以啊！如果對國家不存在著不利。

司儀：不，不是承認，我是說你本人有信仰心嗎？

習近平守護靈：也不能說沒有，但如果你們所說的「信仰的自由」有可能會成為國家分裂的火種，那就是搗亂。

如果可以作為統治各地的原理而利用宗教，那麼利用也是可以的，但造成國家分裂的宗教，在某種意義上，都是與軍事力量進行對抗。比如，因為宗教過於頑固，英國沒能夠支配印度。他們對於印度的宗教感到很棘手，所以沒能夠在印度實現基督教國化。

在此意義上，宗教有可能成為帝國主義支配的敵人，所以必須警戒。

里村：那是因為宗教時刻希望帶給人們幸福。

習近平守護靈：那是站在宗教立場上所講的話，但宗教導致不幸的一面也很大。

司儀：也就是說，「宗教」與你的「野心」有可能會產生對立？

習近平守護靈：如果想改善印度，就必須對宗教一掃而清。印度的動物信仰像山那麼多吧？必須使其近代化。先以無神論、唯物論進行一次「大掃除」，然後再樹立一個健全的宗教，這樣不是更好嗎？

里村：你是要建立一個是對國家有利的宗教吧？

習近平守護靈：也有人那麼說，但如今宗教在扯印度的後腿，這是很明顯的事實。比如象頭神那樣的奇怪的象神，各種各樣的神到處都有，有必要進行一下「掃除」。

因此，印度可以先被中國支配，進行掃除，之後再樹立健全的宗教。

你們幸福科學支配印度也不壞嘛！我們好好合作吧！怎麼樣？

里村：不、不。

日本不過是一個「小島」

里村：最後的問題是，你也同樣想對日本進行「掃除」嗎？

習近平守護靈：我沒有想對日本進行掃除。你站在中國的角度描繪一下世界地圖就知道了，日本不過是附近的一個小島而已。

里村：是。

習近平守護靈：不過是個小島而已。

里村：是中國的小島？

習近平守護靈：不過如此而已。站在中國的角度描繪世界地圖，「這個小島支配世界」的想法，簡直就是個笑話。

司儀：但你輸給了這麼個小島……

習近平守護靈：我說「沒輸」！你說什麼呢！當時我太忙了，不過是偷懶了一下而已。我一直忙於向西擴展，認為那樣的小島無關緊要。

司儀：但你進攻了兩次。

習近平守護靈：不，話雖那麼說，但若想要從日本回頭對中國進行支配，那是不可能的，所以就沒出那麼大的勁。我們已經拿下了朝鮮半島，對於日本，只是順勢而為而已。你們說是元寇，但不過是在「首領」的部分有少許元人而已。進行那場戰爭的大都是朝鮮人。與你們的祖先進行戰鬥的是韓國人和北朝鮮人。明白嗎？

司儀：但現在的中國不也是多民族國家嗎？

習近平守護靈：嗯？不知道你要說什麼，但你們是與朝鮮半島的人進行的戰爭。那是中國的屬國，你們實際上是與他們進行戰爭。船大都是在朝鮮半島製造的。所以，是當時朝鮮人太弱了。

我們善於陸上戰爭，所以在大陸上進行作戰，一直攻打到朝鮮。我當時能夠支配的範圍擴展到了現今的伊斯蘭圈和基督教圈，所以不要將我與希特勒混為一談。

里村：今天瞭解了習近平靈魂的真面目，就更加容易理解習近平在考慮些什麼了。

習近平守護靈：如果你們成長為大媒體，我就允許你們開設北京支局。

里村：嗯……

習近平守護靈：所以要對我報導些好話。

里村：我們是日本人……

習近平守護靈：未來已經確定了，放棄無謂的抵抗。

里村：我今後要讓所有日本人知道「對手是大汗」。

習近平守護靈：嗯，是啊！所以要有自知之明，要知道我不是可以戰勝的對手，幸福實現黨也要努力成為中國支援團，除此之外沒有其他生存之路。

里村：今天謝謝你。

習近平守護靈：嗯。

十、「幸福科學」對「大中華帝國」的戰鬥

大川隆法：看來是個大人物，世界最大的政治家登場了。

又出現了一個與我們的構想完全不同的世界構想，說我們會輸給他。的確，我們不具備軍事力量，從這個世界的現實主義角度看來，如果對方是認真的，也許其實現的可能性就很大，但有些地方也不是那麼輕而易舉就可以實現的。

我們應該在全世界推廣愛爾康大靈信仰，在世界各國撒下可以與之進行抵抗的、文化的種子。撒下自由的火種是非常重要的。

總之，未來是走向了「幸福科學」對「大中華帝國」的戰鬥。的確，如果中國是認真的，因為他們擁有核武，在現階段我們也許會輸。

里村：是「愛爾康大靈文明」對「大中華帝國」的戰鬥。

大川隆法：如果他要我們在靈界傳教，說這個世界是屬於他的話，那就沒什麼話好說了。的確，他作為軍神，具備相當程度的實力。雖然現在原形還沒有完全

暴露，但他作為軍事天才，毫無疑問在世界上是屈指可數的。

而且還具備統治能力。不是像源義經那樣只是擅長軍事，還具備統治能力，的確不好對付。他在上回轉生不足的地方又增強了能量，這次準備打到非洲，我想非常時代很快就要到來了。

總之，到二〇二〇年前，他想要明確地終結美國時代，這一點是可以讀得出來了。他根本就沒有考慮現在的日本政府，根本沒放在眼裡，覺得那不過就像擊退蟑螂而已，輕而易舉。

他是一個難纏的大人物，很麻煩。

現在北條時宗能挺身而起嗎？有點困難，或許會輸。若只是防衛，有點困難。

但中國正在建立日本包圍網，我們也必須加強思想戰。

第二章　後記

日本是否會滅亡，最後似乎就是取決於「愛爾康大靈文明」與「大中華帝國」一戰。最後到底會是哪一方併吞了哪一方？或是哪一方折伏了哪一方？

發兒童津貼來討選民歡心、將尖閣列島領海侵犯事件，交給那覇地檢署自行判斷，進而逃避判斷的卑怯政府，不消一會兒就會舉白旗了吧！不管是電視台或各大報社，再過不久就要變成國營（中華帝國經營），要不就是被遮上黑幕、媒體過濾，在這種情形下竟然依舊僅報導民主黨和自民黨的消息，真是太虛弱了！快點傾聽國師的話語！

二〇一〇年　十月二十六日　大川隆法

第三章　前言

「台灣」和「沖繩」。二十一世紀前半，若是外交判斷錯誤，就或許會從世界地圖上消失的兩個區域。

台灣優秀的馬英九總統，似乎屈服於大國中國的壓力；另一方面，沖繩的仲井真縣知事，就如同蝙蝠一樣，既不是鳥類也不是獸類，不管是日本或中國，只要誰提出的條件好，就有可能將沖繩縣賣掉，如同老獪一般。

但我想要說的是，不可以僅憑藉著權力平衡來思考未來，不可將焦點偏離於「人們的真正幸福為何？」、「神想要於世間實現的正義為何？」朝向盼望的理想未來一步一步前進是很重要的。

二〇一二年　三月二十九日　幸福科學集團創始人兼總裁　大川隆法

第三章　台灣總統馬英九守護靈的靈言

二〇一〇年十月二十一日　馬英九守護靈的靈示

馬英九（一九五〇年～）

臺灣（中華民國）的政治家。一九五〇年出生於香港，之後隨家人移居到了臺灣；一九七二年從臺灣大學法律系畢業。後赴美留學，獲美國紐約大學法學碩士、哈佛大學法學博士學位。他曾在美短暫工作，任職過律師等。後返回臺灣，擔任臺北市市長等職務。二〇〇八年，當選為臺灣的第十二任總統，推動緩和了與中國的緊張局勢。在二〇一二年一月的總統選舉中，打敗了民進黨蔡英文，再次當選。

提問者：＊按提問順序排名

酒井太守（幸福科學理事長兼總合本部本部長）

矢內筆勝（幸福實現黨出版局局長）

綾織次郎（幸福科學理事兼《The Liberty》雜誌主編）
饗庭直道（幸福實現黨文宣本部部長兼美國共和黨顧問（亞洲顧問））
（以上均為收錄當時的職位）

一、如何看待「臺灣與中國的統一」

召喚臺灣總統馬英九守護靈

大川隆法：今日我想降下臺灣總統馬英九守護靈的靈言。

我是在昨天傍晚突然想降下馬英九守護靈的靈言。不過，後來我發現「這大概是來自於理事長（收錄當時）的靈感」。我沒有任何準備，所以不知道能否順利進行。

總之，本次的目標是「我想知道臺灣的未來前途將會如何，所以今天要透過現任統治者的靈言探索他的真心，看看他到底在想些什麼」。當然，他的想法能否決定未來，也是個未知數。

馬英九是臺灣人，這又是第一次與其守護靈對話，所以或許會有一點困難，也不知會有怎樣的結果。

馬英九的中文發音是「Ma Ying Jiu」吧！

馬英九的祖籍是中國湖南省；他出生於香港九龍，之後隨父母移居到了臺灣，在臺北市長大。從臺灣大學法律系畢業後，獲獎學金赴美留學，並取得了美國紐約大學法學碩士、哈佛大學法學博士學位。他還曾接受過CNN的專訪對談，可見其英語能力也相當好。

不曉得能否用中文順利降下靈言，若能令其進入日語的語言中樞，便可以使用日語講述。若不能講日語，或許可以使用英語。

在我表面意識清晰的狀態下，要講中文是有些困難的。如果能像愛德華凱西那樣，進入睡眠狀態，或許能說出中文。然而，我真的不知道最後會說出什麼語言。總之，此次降下靈言確實是存在著不確定的因素，所以不知道提問者能否發揮他們尖銳的提問才能。

當然，馬英九本身有許多政治主張，但還是無法看清他的真實想法。感覺上是「他被夾在中美日之間，在微妙的立場上尋找生機」，所以難以知道他的主張哪些是真心話。

這次他雖然在總統大選中險勝，打敗了最大的競爭對手，即民進黨的蔡英文。可是，臺灣的未來將會走向何方呢？

不知能否順利降下靈言，但我還是努力試試看吧！

（大吐三口氣，閉目，並將雙手交叉於胸前）

臺灣總統馬英九守護靈啊，臺灣總統馬英九守護靈啊，請你來到幸福科學總合本部，告知我們臺灣的未來將走向何方。並且，告訴我們你對中日美等關係上的看法。我們想要詢問你，和未來日本息息相關的話題。臺灣國民黨馬英九總統啊，首先祝賀你在選舉中獲勝，請你蒞臨幸福科學的總合本部，對我們陳述你的真心和意見吧！

（約五十五秒鐘的沉默）

「是否與中國統一」並非僅由臺灣決定

馬英九守護靈：嗯……嗯……嗯……

酒井：早安！

馬英九守護靈：嗯……

酒井：是馬英九總統嗎？

馬英九守護靈：啊……你們好！

酒井：你能說日語嗎？

馬英九守護靈：啊……嗯……

酒井：那麼你能聽懂日語嗎？

馬英九守護靈：嗯……可以。

酒井：那就讓我說日語吧！若有需要，我們也安排了翻譯人員。可以了嗎？

馬英九守護靈：嗯……

酒井：那麼，就請容我進行提問。首先恭喜你在一月份的選舉中再次當選，成為臺灣的第十三屆總統。

馬英九守護靈：嗯……謝謝！

酒井：今日我想向你請教「關於臺灣未來」的問題，所以將你請來了幸福科學的總合本部。你聽說過幸福科學嗎？

馬英九守護靈：嗯，我聽過。（右手打出OK的手勢）

酒井：謝謝！我們日本人都非常關心「臺灣與共產黨統治下的中國之間的關係，今後會是何種走向？」因此，請問馬英九總統，你是如何看待與中國的統一問題……

馬英九守護靈：是馬、英、九。（糾正發音）

酒井：馬英九總統，請問你是如何看待「與中國的統一問題」？就此，請務必講給我們聽聽。

馬英九守護靈：八成反對，兩成同意

酒井：兩成的想法是「統一也行」嗎？

馬英九守護靈：那要視情況而定。我們現在身處困難境地，所以無法自己做決定。中美日等大國也都各持己見，所以我們沒有辦法自己做決定，而只能視情況而定。喂，你啊！我不喜歡你。

酒井：為什麼？

馬英九守護靈：你是個壞傢伙。

酒井：為什麼？你是覺得我有什麼不好的想法嗎？

馬英九守護靈：你是從地獄來的。

酒井：你是說「我來自下面的世界」？

馬英九守護靈：對，你是惡魔。

酒井：那你是來自天國囉？

馬英九守護靈：那是當然，我是神。

酒井：那臺灣的未來，和「我來自下面的世界」有什麼關聯嗎？

馬英九守護靈：當然！我們是優秀的民族，優秀的民族啊！

酒井：你說的是。

馬英九守護靈：你們都是壞人。

酒井：我知道了。

馬英九守護靈：為了臺灣的經濟繁榮，比起「國家」，「金錢」更重要。

酒井：但如果臺灣與「共產黨統治下的」中國統一了，你將如何看待臺灣的未來呢？

馬英九守護靈：我們需要交涉。在陷入困境之前，我們需要與中國進行談判。

我們希望享受與香港同等的條件，我們必須保證臺灣能夠持續繁榮。

並且，是否與中國「結婚」，那就要看那時的民意如何了。

我也喜歡美國，只是現在還看不出來「中美之間的關係日後會如何發展」。因此，請你告知我答案吧！不久的將來，哪一方會更強大呢？

酒井：中國和美國嗎？

馬英九守護靈：是啊！

酒井：嗯，或許是中國會更強大。

馬英九守護靈：若是如此，我們就喜歡中國。

酒井：這樣好嗎？二〇一〇年的時候，我們曾招來了溫家寶的守護靈（請參照《溫家寶的守護靈講述大中華帝國的野心》第一章「幸福實現黨發刊」），當時他指出「如果不保障臺灣的經濟自由，就無法實現統一」，並試圖以此討好臺灣。

馬英九守護靈：是啊！是啊！

酒井：但他的真實想法卻是「在拿下臺灣之前，中國不會動香港，以此安撫臺灣『可以享受與香港相同的待遇』。在拿下臺灣之前，當然會放任香港。但是拿下後，就會像對待西藏那樣……」

馬英九守護靈：你真是惡魔，總說人壞話。

酒井：溫家寶總理的守護靈也曾說過，中國人都將臺灣稱為「臺灣省」。對此，你可有所耳聞？

馬英九守護靈：那我們臺灣人也說「臺灣省」啊！

酒井：你認為這樣稱呼也可以嗎？

馬英九守護靈：我根本不在乎。對於我們來說，經濟繁榮是最重要的。

酒井：只要經濟繁榮就好了嗎？

馬英九守護靈：還有自由。

酒井：那麼，只要能維持經濟的繁榮，其他什麼都無所謂嗎？

馬英九守護靈：你們日本人也不承認「臺灣是個國家」，我們被逐出了聯合國。臺灣雖是一個國家，但卻不被認可為國家，這種處境很難做解釋。

酒井：我很理解你們的處境，但如果失去了自由，譬如言論自由、信教自由等等，那臺灣會變成什麼樣呢？

馬英九守護靈：不不不！關鍵是在於「錢」和「國家」的取捨問題。

酒井：你會選擇哪個？

馬英九守護靈：我會選擇錢。

酒井：錢嗎？

馬英九守護靈：對啊！

酒井：但你可知道「很多國家都曾因此走向了滅亡」？

馬英九守護靈：我不懂你在說什麼。

酒井：譬如，迦太基國就已經滅亡了。

馬英九守護靈：臺灣與迦太基國不同，非常不同。

二、馬英九守護靈的「日本觀」

臺灣和中國的統一，與日本無關

酒井：這裡有熟知臺灣情況的人，接下來要換他向你提問。

矢內：我是幸福實現黨出版局的局長，名叫矢內。

馬英九守護靈：真難聽的名字。（注：此時，馬英九守護靈開始漸漸進入了日語的語言中樞。）

矢內：一月份臺灣大選的時候，我去了臺灣考察。那時，我採訪了許多當地人，並做了多方面的調查。據說在此次選舉當中，中國共產黨為馬總統的國民黨提供了相當露骨的支援。

譬如，目前約有一百萬人的台商及其家屬住在中國大陸。於是，中國共產黨特意在總統選舉的時候，加開了直飛航班，並給出了四五折的優惠價格，讓二十萬臺灣人專程回台參加選舉。而且，還特意囑咐他們「務必向國民黨投上一票」；以上都是從當地人那裡聽來的。

另外，在民進黨的中心地盤、台中等南部地區，中國共產黨特意以高價收購農產品和海產品等。如此露骨的收買工作，他們也照做不誤，這才終於促成了國民黨、你再次當選。此外，臺灣的財閥也在某種意義上，因為擔心「與中國處不好關係，生意就不好做」，所以受到很大的牽制……

馬英九守護靈：你真的很討厭。

矢內：（苦笑）（現場笑）

馬英九守護靈：討厭你，討厭你！你也是個壞人！你們都是惡魔！難不成你們是朋友？

矢內：是，是朋友。

酒井：我們是朋友。

矢內：針對中國的如此舉動，請問你作為當事人，有何感想呢？

馬英九守護靈：這與你無關！你是中國人嗎？

矢內：不，我是日本人。

馬英九守護靈：那麼，這與你無關。

矢內：可是，我想知道「臺灣今後的走向」……

馬英九守護靈：這與你無關。

矢內：臺灣是被中國吞併，還是獲得獨立？

馬英九守護靈：這與你無關。

矢內：這個問題對日本而言，有著非常大的意義。

馬英九守護靈：這與日本無關，與日本無關。日本是日本，隨便你們做什麼。和我沒有關係，臺灣是臺灣。

矢內：可是，臺灣曾是日本的殖民地。

馬英九守護靈：你可真是個壞傢伙！那請謝罪，謝罪吧！

矢內：總之，日本也要對臺灣的未來負責任。

馬英九守護靈：不需要，不需要，完全不需要！這與日本毫無關係！隨便日本做什麼，肯定要輸給中國。所以再見，拜拜。

「親日派」的李登輝「被洗腦了」

矢內：日本與中國，你較喜歡哪個？

馬英九守護靈：日本就算了吧！不要日本！

矢內：你不太喜歡日本？

馬英九守護靈：嗯，日本不好。

矢內：不好嗎？

馬英九守護靈：不好！

矢內：為什麼呢？

馬英九守護靈：嗯，日本是做壞事的國家。如果沒有日本，中國會幸福，臺灣也會幸福。

矢內：是這樣子嗎？臺灣過去的總統，在日本佔領時期是非常親日的。

馬英九守護靈：你是說李登輝？他已經是過去式了。

矢內：過去式了？

馬英九守護靈：嗯，過去式了。他是被洗腦了。

矢內：李登輝是非常「親日」的人。

馬英九守護靈：李登輝是過去式，已經過去的人了。

矢內：過去的人？

馬英九守護靈：嗯，差不多。

矢內：差不多？

馬英九守護靈：是的，但我很聰明。

日本沒想法、沒意見、沒主張

綾織：我是《The Liberty》雜誌的主編。請問做為你本身的意識，是將自己視為臺灣人呢？還是中國人？

馬英九守護靈：嗯，這個問題很難。

綾織：哪個都不是？

馬英九守護靈：嗯，臺灣省人吧！

綾織：臺灣省人，中國領土中的臺灣省人嗎？

馬英九守護靈：可是，是不同的國家；中國很強大。

綾織：從五月開始的四年任期當中，你會就「中台統一」的問題，與共產黨政府簽署協議嗎？

馬英九守護靈：嗯，如果美國撤退的話，臺灣就會被合併。如果美國有意作戰的話，臺灣就還是臺灣。所以說，這要看美國的態度。

綾織：日前，美國正在進行總統選舉。

馬英九守護靈：這與日本無關，跟日本沒有任何關係。

綾織：不，日本與臺灣是隔海相連的。所以在對待中國問題上，我們處在相同的立場。

馬英九守護靈：可是，日本沒想法、沒意見、沒主張、沒領導，也沒國家。

綾織：（苦笑）

馬英九守護靈：日本會沉入大海的。

綾織：臺灣就不會沉沒嗎？

馬英九守護靈：臺灣是浮著的。

自詡為神、並且批判提問者

酒井：臺灣人民是……

馬英九守護靈：你是壞人。

酒井：什麼？隨你怎麼說。

馬英九守護靈：你是凶相，我會看臉相的。

酒井：你會嗎？

馬英九守護靈：是的，你是凶相，凶相。你會下地獄的。

酒井：下地獄？（苦笑）

馬英九守護靈：是的。

酒井：你不會下地獄嗎？

馬英九守護靈：我是神呢！

酒井：那麼，臺灣人民今後真的能幸福嗎？

馬英九守護靈：那種事我怎麼會知道？

酒井：如果你是神的話，就請好好想想這些事。

馬英九守護靈：什麼？神也有很多種啊！

酒井：好比有什麼樣的神呢？

馬英九守護靈：在其他地方、中國大陸也有神啊！

酒井：那麼，你是「只要能賺錢就行」的神嗎？

馬英九守護靈：你的話真是刺耳。

酒井：不好意思了。

馬英九守護靈：你還是去做宗教修行吧！

酒井：（苦笑）謝謝你的好意。今後我會去進行修行的，但今天的時間不多……

馬英九守護靈：我可不是惡魔。

酒井：雖然不是惡魔……

馬英九守護靈：我不允許你將我看成是惡魔。

酒井：（苦笑）不，我沒把你當成是惡魔啊！日本對臺灣的統治，「就僅是種植了甘蔗和香蕉」嗎？

馬英九守護靈：你這個人！將他革職處理！

酒井：我沒有把你當惡魔對待，只是在關心臺灣人民的幸福。

馬英九守護靈：這與你無關！你先考慮日本能否幸福吧！

酒井：不，我們也關心臺灣。

馬英九守護靈：你們對日本負責就好。

酒井：我們對全世界承擔著責任。

馬英九守護靈：才沒有呢！

酒井：我們有的。

馬英九守護靈：完全都沒有啊！

酒井：不，因為臺灣人民與日本是緊密相連的。

馬英九守護靈：只有一點點啦！。

酒井：請問臺灣人民真的希望變成共產黨的統治嗎？

馬英九守護靈：你們只是在臺灣種植了甘蔗和香蕉，其他的什麼也沒做。

酒井：不是這樣的！

馬英九守護靈：請別再自吹了！

酒井：日本難道沒有為臺灣進行城市規劃嗎？日本為臺灣建造的樓房、道路等，不是一直留存至今嗎？這些都極大地促進了臺灣的發展。

馬英九守護靈：你說什麼呢？那些事情誰都能做！

酒井：誰都能做嗎？

馬英九守護靈：你們只想得到甘蔗和香蕉吧！

酒井：其他國家為臺灣做過這些事嗎？

馬英九守護靈：什麼？其他國家才不會做那些壞事呢！

酒井：可是，日本為臺灣建造的樓房、道路等，現在不是還在使用嗎？

馬英九守護靈：什麼？

酒井：日本建造的樓房等。

馬英九守護靈：這與你們無關，你們少以恩人自居了。

酒井：不，不是以恩人自居，只是這確實促進了臺灣的發展。

馬英九守護靈：假如沒有你們的話，我們自己也會做。

酒井：總之，你就是「討厭日本」。

馬英九守護靈：日本人一直看不起臺灣人，就會擺架子。

酒井：沒有擺架子。

馬英九守護靈：還死不承認。

酒井：我對於臺灣人就感到很親近。

馬英九守護靈：你們看不起臺灣人，也看不起中國人，所以中國才想要變強大爭口氣給日本看；我能理解中國人的心情。

三、如何應對「中華帝國主義」

雖然討厭中共，但它太強大也無可奈何

酒井：你果然還是「親中派」啊！

馬英九守護靈：無論是否為「親中派」，能說中國話就是中國人。

酒井：你真喜歡中國啊！

馬英九守護靈：既不喜歡，也不討厭。

酒井：恐怕不是吧！

馬英九守護靈：我出生在中國。

酒井：那你喜歡當今的共產黨吧！

馬英九守護靈：不喜歡啊！

酒井：那你討厭共產黨？

馬英九守護靈：討厭是討厭，但它太強大，我也無可奈何啊！

酒井：你這種想法好嗎？

馬英九守護靈：什麼好不好的，沒有辦法啊！難道要製造核子武器，去打戰嗎？原子彈一旦落下來，整個臺灣島都會消失。

酒井：「如此下去就將被共產黨統治」，那樣的未來好嗎？

馬英九守護靈：我不知道，但實在沒轍啊！

酒井：什麼，你不知道？（苦笑）

馬英九守護靈：就算是進行核子武裝、與中國大陸開戰，最後要消失的，也註定是我們臺灣啊！

總之，若美國的海軍部隊從沖繩撤退的話，臺灣就與中國「結婚」。

綾織：假如美國出現了強大的總統，決定與中國進行對抗呢？

馬英九守護靈：可是美國沒錢，中國有錢，這是非常大的差距。

綾織：總而言之，你是認定了「與中國的統一已是大勢所趨、在所難免」。

馬英九守護靈：很快，中國就要收購美國了。中國有的是錢，而美國盡是赤字。美國、日本，肯定都要被中國併購了。

酒井：如果美國從沖繩撤兵的話……

馬英九守護靈：那可不好，那時我就要與中國「結婚」了。

酒井：結婚？

馬英九守護靈：是啊！

酒井：可是臺灣人民能接受嗎？

馬英九守護靈：若變成香港、上海那樣，總歸是能過得去。

酒井：你錯了！香港的情形是做給臺灣看的，「在統一臺灣之前不動香港」是中國的戰略。

馬英九守護靈：嗯，然後呢？

酒井：此後變成西藏那樣，也無所謂嗎？

馬英九守護靈：什麼？肯定不會變成西藏那樣的。

酒井：你為何能這麼肯定？

馬英九守護靈：因為中國一定會保障臺灣的經濟繁榮。

綾織：可他們也想在臺灣建立軍事基地和核設施。

馬英九守護靈：不過，中國要在臺灣建立軍事基地，這倒是個難題。中國勢必會在臺灣建立一個大型的海軍基地，用來防備美國和日本的攻擊，並遏制他們想要攻擊臺灣的想法，僅在此處存有問題。

綾織：聽馬總統的意思，臺灣就只能被吞併了。

馬英九守護靈：中國的核子設施，全都建在自治區。譬如，西藏啊！

綾織：是，還有新疆。

馬英九守護靈：核子設施都建在內蒙、新疆等地區，因此，當核子設施遭到攻擊時，也只有少數民族受攻擊，漢族人民不會受到牽連。所以說，他們勢必也會將臺灣建成可被攻擊的基地。

綾織：你說得對！

馬英九守護靈：所以說，中國人很是狡猾。

綾織：那你還贊同臺灣被吞併嗎？，

馬英九守護靈：但我們還是贏不了啊！

綾織：贏不了，所以你覺得無可奈何？

馬英九守護靈：錯就錯在美國經濟的衰退。如果美國有錢的話，那還有勝算。

綾織：你是國民黨的主席，國民黨與共產黨可一直都是死對頭啊！

馬英九守護靈：那都是過去的事情，現在的國民黨不一樣了！

綾織：可是，孫文成立的國民黨……

馬英九守護靈：孫文也是過去的人了。

綾織：你就沒有孫文所宣導的「三民主義」的理想和志向嗎？

馬英九守護靈：我接受的是美式教育，李登輝是日式教育。他在日本學習，我在美國學習，所以想法自然也不同。

綾織：你在美國接受教育，想必也學習過「民主主義」。而且，在臺灣已實現了民主。

馬英九守護靈：那是美式的民主主義吧！

綾織：是啊！

馬英九守護靈：但中國的民主主義還稍有不同。

綾織：我認為「中國大陸的政治不是民主主義」。

馬英九守護靈：什麼？

綾織：臺灣畢竟與大陸不同。

馬英九守護靈：中國的民主主義，是共產黨內部的民主。

綾織：是啊！

馬英九守護靈：共產黨內部派別爭鬥的民主，就是中式的民主。

綾織：在臺灣，起碼實現了由公民直接投票決定的總統選舉。

馬英九守護靈：是說「我能否當選總統」的問題嗎？

綾織：你的職位不重要，重要的是民眾將失去言論自由。

馬英九守護靈：沒有那回事，因為本來就沒有言論自由。

綾織：沒有嗎？

馬英九守護靈：沒有！什麼言論自由，不可能有，有的只是經濟自由。

綾織：是這樣嗎？

馬英九守護靈：是啊！沒有！

酒井：（面向矢內）臺灣沒有言論自由嗎？

矢內：實質上是沒有。

馬英九守護靈：完全沒有判斷權。

矢內：因為媒體也完全被國民黨掌控了。

馬英九守護靈：整體上是隨著「輿論」擺動，這都是遺傳了日本的惡性基因。日本也是隨著「輿論」擺動，沒有言論自由。你們自認為有，其實日本人也完全沒有言論自由。

綾織：事實並非是如此。將臺灣與中國大陸比較，在大陸是不能批判共產黨，但在臺灣當然有那樣的自由。

馬英九守護靈：嗯，話雖如此。

綾織：這是完全不同的。中國大陸也沒有信教的自由，可是臺灣有。這個差別很大，難道臺灣也要放棄嗎？

馬英九守護靈：那也沒辦法啊！

綾織：沒辦法？

馬英九守護靈：臺灣又不是日本的殖民地。雖然以前是，但現在已經趕走了日本，遲早要被中國統一，只是時間問題了。

綾織：不妨再請日本來幫忙啊？

馬英九守護靈：不好、不好。日語很難，我不想學。

雖然沒有抗中對策，但任職期間會維持和平

酒井：請問你此次參選的目的，或者說當選總統後想要遂行的事情是什麼呢？

馬英九守護靈：只要有我在，臺灣就會和平。

酒井：什麼意義上的和平？

馬英九守護靈：只要有我在，就算中國想要「奪取臺灣」，也會很溫柔地下手。而美國也會因為明白「北京政府不會突然強攻臺灣」而感到放心，所以在我執政期間，臺灣會維持和平。

矢內：在過去的四年總統任職期間，你與中國簽訂了ECFA經貿協定（即「兩岸經濟合作架構協定」），並以此加速了中台之間的貿易自由化。此次選舉，你又是因為得到了中國各種援助才當選。在經濟方面，感覺臺灣已經是被中國吞併了。因此，可以預想「在今後的四年時間內，政治方面也將被中國慢慢吞併、統一」。對此，你是否有何對策？

馬英九守護靈：抱歉，我沒有。

酒井：（苦笑）沒有？

馬英九守護靈：沒有什麼特別的對策，完全沒有。但是民進黨的那位女性，叫什麼來著？

矢內：蔡英文？

馬英九守護靈：嗯，在哪兒有寫到她呢！民進黨的黨首，叫什麼來著？（看著桌上的資料）對對對，蔡英文，用日語怎麼說來著？如果她贏了的話，臺灣和中國的戰爭就近了，所以說，幸好是我當選了。

此外，我當選的話，發生什麼意外時，美國也會來救援。如果中國採取什麼極端的做法，只要有我在，美國就會來救援。中國呢，則是考慮到只要有我在，說不定臺灣可能會「無血開城」，因而也會使用懷柔政策。總之，我會在其中順勢掌舵，保證在我的任期內讓臺灣處於和平。

矢內：去年，由於你失言說出「有可能與中國簽訂和平協定」，引起了人民的反感，使得支持率一時下滑。

馬英九守護靈：是啊！

矢內：所謂「和平協定」，在某種意義上就是「與中國統一」。對此發言，你的本意是？

馬英九守護靈：中國的下一任主席會如何出手，這很難預料。若是強攻過來的話，我也要顧全面子啊！就算不知道結果會怎樣，我們也不得不強力回擊。

總之，我想讓他們明白「硬來是不可取的」。我要告訴他們：「在雙方沒有達成共識，條件還不充分的時候，中台是不可能統一的。」

酒井：你好像沒資格談條件吧？

馬英九守護靈：有啊！當然有！

酒井：此話的根據是什麼呢？

馬英九守護靈：你總是不懷好意啊！

酒井：（苦笑）

馬英九守護靈：你是從地獄來的。

酒井：行了，我知道了。不要再浪費時間了。

馬英九守護靈：嗯。

酒井：請問你憑什麼能去跟中國談判？

馬英九守護靈：憑什麼？

酒井：你不知道習近平有多恐怖嗎？

馬英九守護靈：不知道！說不定他會對我很好呢！

酒井：根據幸福科學的靈查，他的前世是成吉思汗。你不知道嗎？

馬英九守護靈：遇到危險的話，我就逃到美國避難。

酒井：你想逃命？，

馬英九守護靈：那還用說？中國很恐怖啊！

酒井：你真是最差勁的領導者，

馬英九守護靈：我可以變成美國人！就算在美國，我也完全可以活下去。

酒井：你真是差勁！那臺灣人民怎麼辦呢？

馬英九守護靈：遇到危險的話，他們也會避難啊！

酒井：難道你的命比臺灣人民還重要？

馬英九守護靈：「我的命」？我曾在美國學習過，美國是個好國家。

酒井：可臺灣人民該怎麼辦呢？

馬英九守護靈：美國是個好國家，中國絕不會變成那樣的國家。我很清楚這點，所以不要變成中國那樣！

酒井：可是臺灣就要變成那樣了啊！

馬英九守護靈：臺灣沒事的！

酒井：怎麼會沒事呢？

馬英九守護靈：只要臺灣在臺灣的範圍內發展，就不會有事。

酒井：那可說不一定啊！香港不就已經是……

馬英九守護靈：如果中國以武力進攻臺灣，把臺灣人當成奴隸對待，那確實是很危險，可是現在我們簽訂了「和平協議」。

酒井：你沒有任何實力，憑什麼和中國談條件？

馬英九守護靈：我有實力啊！

酒井：什麼實力？

馬英九守護靈：臺灣軍隊要比日本的自衛隊強，你不知道嗎？

酒井：臺灣軍隊比自衛隊強？但能強過中國嗎？

馬英九守護靈：比自衛隊要強。

酒井：可是中國的導彈已經瞄準了臺灣！

馬英九守護靈：你在說什麼啊？臺灣軍隊是自衛隊的三倍，你知道嗎？

酒井：能戰勝中國嗎？

馬英九守護靈：不能戰勝，但至少能防衛。只要不爆發核戰爭，我們就能夠進行防衛。

酒井：你的意思是準備打仗？

馬英九守護靈：如果是核戰，臺灣就沒轍了。可是，中國如果對臺灣發動核戰的話，臺灣的可取之物也就化為烏有了，所以說他們不會做那種傻事。遭到核武器破壞的臺灣，將化為灰燼。除了土地和人民以外，將一無所有，那不就跟東日本震災區一樣了嗎？

酒井：不對，這不光是錢的問題，臺灣處於重要的戰略位置。中國為了進一步控制太平洋地區，還需要臺灣這塊軍事要地。

馬英九守護靈：那倒不至於，只是臺灣如果變成中國的敵對國，也不好辦啊！

酒井：可是你應該很清楚「中國的第一目的，即是將來要拿下臺灣」。

馬英九守護靈：中國才不是那麼想的呢！他們本來就認為「臺灣是中國的一部

分」，所以說不會是想要拿下臺灣，而只是想收回臺灣。臺灣原本就是中國的一部分，只是因為當年不幸爆發了國共內戰，使得國家分裂，變成像南北韓一樣。因此，中國只是想統一國家，而不是要拿下臺灣。

酒井：你是想說「原本就是一個國家，只是要統一」。可是，當你對此默認時……

馬英九守護靈：重點就是如何看待中國的體制了。中國靠十三億人民的意見做決定，這也是民主主義吧！

酒井：總之，你肯定會放棄臺灣，然後「逃亡到美國」。

馬英九守護靈：我不會放棄啊！我只是說「如果爆發核戰的話，我就逃亡到美國」。

酒井：「逃亡」，對嗎？

馬英九守護靈：是啊！那也是沒辦法啊！

酒井：換句話說，「你不會對臺灣負責到底」？

馬英九守護靈：我沒有任何勝算啊！換成是日本首相，他也會逃亡的。只不過，他不會說英語，所以去不了美國，哪兒都去不了。日本已經沒有任何殖民地了，倒是可以考慮夏威夷，日語在那裡通用。

酒井：總之，你認為「如果臺灣輸給中國，你就會逃走」？

馬英九守護靈：不過，我會進行防衛啊！如果能得到美國的支持，我就可以堅守住臺灣。

中台之間的經濟合作是為了適應「一個中國」

酒井：不過，中國一直將臺灣看成是「臺灣省」吧！

馬英九守護靈：所以臺灣才享受到很多優惠政策啊！中國希望得到臺灣的投資，所以會破例給臺灣一些利益。

酒井：聽說在台商中，如今有許多親中派人士。

馬英九守護靈：是啊！因為多了很多商機嘛！

酒井：你知道「中國是在藉此攏絡臺灣」嗎？

馬英九守護靈：不過，反過來也對我們有益啊！我們現在到中國投資，台企不斷向中國的大城市進軍，如此一來，我們也能夠慢慢「適應中國」，以便為台中合二為一鋪路啊！

綾織：如今，中國各地的民主化運動也越來越多。那麼，在你們「適應」的過程中，能否對中國發揮影響力呢？

馬英九守護靈：是，我知道！所以我才想像香港一樣，跟中國締結一百五十年左右的協議。

綾織：可是，香港也已經逐漸失去了自由。

馬英九守護靈：一百五十年或許不太可能，但只要能締結「維持臺灣的政經制度五十年不變」的協議，那就夠了。反正到時我就死了，就不關我的事了。

綾織：那麼，你是否考慮過「將中國共產黨的體制瓦解」呢？

馬英九守護靈：那種大話與我無關！臺灣要瓦解十三億中國人的體制？這種無稽之談，你就不該胡說。

綾織：可是，中國人民中就有這麼想的。

馬英九守護靈：那是你們日本想讓臺灣做先鋒，挑起中台戰爭的陰謀。我們絕不會上當！我才不會被你騙呢！

綾織：你誤會了！日本與臺灣站在同一戰線。

酒井：如此話題沒有繼續下去的意義。

馬英九守護靈：我可是臺灣引以為豪的大秀才，與你們這些傻瓜不同！我是臺灣的驕傲。

酒井：是，我們知道了。

馬英九守護靈：你不要看我說日語不順，就拿我當傻瓜。我與你們這些傻瓜不同，我可是在美國接受過正統教育、臺灣排名第一的人才。

酒井：知道了，你是大天才。

「中日台」合為一體後，可設立「尖閣列島省」

酒井：那麼，讓我們最後再問一個問題。

馬英九守護靈：說吧！

矢內：你在美國念大學時，曾寫了一篇論文「日本的尖閣列島（編注：釣魚台）屬於中華民國」。

馬英九守護靈：當然是這樣的！

矢內：是這樣嗎？

馬英九守護靈：本來就是這樣！尖閣列島全部是我們臺灣的！只不過，後來被你們日本佔領了。

矢內：假如中國稱「那是屬於中國的」，要搶走尖閣列島，你將如何對應？要與中國聯手嗎？

馬英九守護靈：如果「中日台」能夠合為一體，那是誰的不都一樣嗎？不管被誰搶走，反正大家是一體的。

矢內：那是表示「一個大中國」嗎？

馬英九守護靈：屆時可以設立「尖閣列島省」

四、馬英九總統的「前世」

曾出生在中國領屬下的越南

矢內：不曉得你是否認同「輪迴轉生」的想法，但我認為你在過去的轉生中，勢必曾和中國有關。對此，你有任何記憶嗎？

馬英九守護靈：過去？嗯，過去，過去……

矢內：在中國的眾多歷史朝代中，你是否曾在「哪個地方出生過」？

馬英九守護靈：過去？過去是什麼？

酒井：你是馬英九總統的守護靈吧？

馬英九守護靈：對啊！

酒井：你曾出生於哪個朝代？

馬英九守護靈：我？我好像曾經在越南那邊出生過。

酒井：何時的越南？

馬英九守護靈：嗯，那時好像是中國的屬國，是中國的一部分。

綾織：那是什麼朝代呢？清朝嗎？

馬英九守護靈：還要再前一些。

酒井：那時，越南原本是個國家嗎？還是最初就是屬國？

馬英九守護靈：那時的中國非常之大，現在變小了，所以中國才想要變回原來的樣貌，成就世界帝國吧！

酒井：你那時是中國人嗎？

馬英九守護靈：對，和現在的立場一樣。雖不是中國人，但歸屬於中國。

酒井：原來如此。

綾織：在唐朝前後，中國的領地確實向南擴大了很多。

馬英九守護靈：可能是唐朝以前。

綾織：唐朝以前？

馬英九守護靈：嗯，或許還要再之前。

前世曾是雲南「自治區」的行政首長

綾織：當時你也幫助了中國的擴張吧？

馬英九守護靈：那時的中國是發達國家，不是靠我幫忙，中國本來就是世界帝國。

綾織：所以是主動歸順了中國？

馬英九守護靈：不是主動，是被迫，也是無可奈何。

綾織：是別無選擇嗎？

馬英九守護靈：嗯，就和現在一樣，中國設置了很多自治區。不過，各地皆有不同的語言、風俗習慣等。

酒井：總之就是「胳膊擰不過大腿」吧？

馬英九守護靈：雖不是這麼說，但贏不了的就是贏不了。

酒井：也就是說「不打不勝之仗」。

馬英九守護靈：反正也註定要輸。

酒井：所以你覺得「日本的明治維新也是很愚蠢的戰爭」嗎？

馬英九守護靈：你是說明治維新嗎？就是因為那個，臺灣才變成了殖民地啊！你在說什麼呢？

酒井：我是說如果你是日本人，你不會興起那樣的戰爭吧？

馬英九守護靈：如果我是日本人？嗯，我倒是更喜歡江戶幕府。

酒井：你更喜歡江戶幕府啊！

馬英九守護靈：是啊！日本一直閉門鎖國的話，世界就會和平。

酒井：是嗎？我明白了。

綾織：請問你在越南附近出生的時候，是什麼樣的身份呢？也是國王那般的統治者嗎？

馬英九守護靈：我當時好像是行政首長。

矢內：那你是在被稱為「南蠻」的屬國嗎？

馬英九守護靈：好像是雲南，但不是南蠻。你在說什麼啊？

酒井：那是歐洲的屬國嗎？

馬英九守護靈：不是，南蠻不是指柬埔寨嗎？不是那邊啦！那裡好像沒有被稱做是南蠻啊！

五、面對日本和臺灣的「未來」

東日本大震災之時，臺灣援助了日本

酒井：時間差不多了，今天就到此為止吧！

馬英九守護靈：你又在把我當傻瓜！我可是臺灣最聰明的人。

酒井：我沒有啊！

馬英九守護靈：你應該尊敬我才行！我現在正在適應日語。

酒井：我知道了。今天真的很感謝你！

馬英九守護靈：真令人惱怒！你是地獄的魔王啊？老是看不起人。

酒井：若是懊惱的話，就請向中國開戰吧！

馬英九守護靈：我幹嘛要打仗啊？你想要殺光臺灣人嗎？

酒井：不，我是「為了臺灣人民好」。

馬英九守護靈：你的「殺光計畫」？

酒井：就到此為止吧！

馬英九守護靈：這就結束了嗎？我沒有得到任何好處，什麼也沒撈到。我可是被你們邀來的客人，難得這麼好的機會，就讓我說一點宣傳的話吧！你們盡說些不懷好意的問話，那完全無法為我做宣傳。

酒井：（會場上，饗庭舉手了）那就讓你說一句吧！

饗庭：感謝您今日百忙當中前來。

馬英九守護靈：你長得挺帥嘛！

饗庭：您過獎了。謝謝！（會場笑）

馬英九守護靈：你很像美國的印第安人。

饗庭：去年東日本發生大震災時，臺灣向日本提供了很多人力、物力和資金上的援助。在此，我想向您表達感謝之意。

馬英九守護靈：謝謝！（鼓掌）你講得對！那可不是嗎？

饗庭：是啊！

馬英九守護靈：我們是心胸寬廣的有錢人啊！

饗庭：謝謝了！

馬英九守護靈：不客氣。

「日台同盟構想」的前提是「承認臺灣是個國家」

饗庭：在此，我對日本和臺灣的未來關係有個提議。前年呢，我有幸拜訪了臺灣的保守派企業家蔡焜燦先生，並從他那裡得到了一個提案。您曾在美國學習過自由和民主主義的價值觀，所以我想您也應該非常理解自由和民主的好處。

馬英九守護靈：是啊，你說得對啊！你也曾在紐約待過嗎？

饗庭：是的，我的確在紐約待過。

馬英九守護靈：難怪了，你是很明理的菁英。

饗庭：您過獎了。我覺得您應該能夠理解自由和民主的好處。

馬英九守護靈：是的，我理解。

饗庭：但如果臺灣與中國統一的話，那些好處就會從臺灣漸漸消失，這實在是令人悲哀的事情。

馬英九守護靈：但我們可以像香港那樣努力啊！

饗庭：在此就是我的提案了。假如在你未來的四年任期當中，日本變得強大了，形成了對中國的牽制力量，並且具備足夠的實力與中國抗衡的話……

馬英九守護靈：那是不可能的。只要是民主黨執政，那就絕對不可能。

饗庭：現在我們正在策劃運動，讓民主黨下臺。

馬英九守護靈：真的嗎？

饗庭：如果民主黨政權倒臺後，臺灣則可繼續發揚其所長。如此一來，您能否考慮在日本和臺灣之間的「同盟構想」？

馬英九守護靈：那就請日本先承認臺灣為國家啊！

饗庭：我們應該這麼做的。

馬英九守護靈：日本沒有那樣的勇氣吧？美國承認中國的話，日本也會自動追隨美國、將臺灣排除在國家之外吧？我可不會原諒日本的作法。

饗庭：您說的是，現在的日本確實是這樣，我也難以容忍。

馬英九守護靈：以「原宗主國」的立場來說，美日的作法是不能原諒的。美日絕對要堅持主張「臺灣是個國家」。

饗庭：您說的是。

馬英九守護靈：我也絕不原諒他們和中國建交後，就和我們斷交。他們那麼做，就等於認同了「臺灣是中國的臺灣省」。

饗庭：是啊！

馬英九守護靈：日本和美國都背叛了臺灣。

饗庭：您的心情，我十分能理解。

馬英九守護靈：你們不也是因為還害怕中國嗎？也是想要賺錢才會那樣啊？所以你們沒有指責我的權利。

饗庭：您說的有道理

馬英九守護靈：跟你說話，感覺我好像突然變聰明了。

饗庭：哪裡！哪裡！好說。（笑）

馬英九守護靈：你很不錯，你是個秀才。

饗庭：假如日本對中國的態度變得更強硬，並且還有著和美國一樣的「自由價值觀」，那麼，臺灣能夠考慮與日本的「同盟構想」嗎？

馬英九守護靈：可是，日本不也已經被中國化了嗎？

饗庭：現在確實有這樣的趨勢，但我們正在予以對抗中，保守派的力量將會日益增強。

馬英九守護靈：但我比日本的總理聰明多了。

饗庭：是的，您是一位菁英。

馬英九守護靈：我是菁英，他們都是笨蛋。

希望日本擁有能宣佈「臺灣是個國家」的實權與信用

饗庭：您可以從各種角度做權衡。譬如說，如果您可以考慮將來組建一個如「強大歐盟」一般的「日台同盟構想」的話，那我們也能夠朝著這個方向努力。

馬英九守護靈：換你提問後，我的心情馬上就好轉了。你還真不錯啊！你帶有一些美式的價值觀。

饗庭：哪裡哪裡，這不足掛齒。（笑）

馬英九守護靈：你很高明啊！美國人就很會誇獎別人，所以換了你之後，我的心情也好多了。

饗庭：請您考慮一下「日台同盟構想」，將來一定與日本「聯姻」。

馬英九守護靈：如果日本能更像個男子漢，那就可以依靠。可是，如今日本是一個完全沒有信用的國家。不到一年的時間內，政權也一直在變來變去，所以都不曉得到底誰能決定事情。大概是隨著「輿論」擺動吧！相較之下，我反而更像個男子漢。

饗庭：是啊，你說的是。

馬英九守護靈：日本的當政者，都是無用之人，所以要不斷削減才好呢！減少了這種人，好的領導者才會出現，因為領導者過多總是容易發生爭吵。這樣的民主主義，恐怕難以統一中國。

饗庭：您說得對。

馬英九守護靈：我也不是沒想過「將美式的民主主義導入中國大陸」，可是如此一來，中國勢必將進入混亂狀態。我覺得「比起內戰不斷，如今的統一狀態還是更甚一籌」，所以既然沒有辦法，那我就為了盡可能保住臺灣的幸福，要努力地維持現有制度。

饗庭：在您四年的任期當中，請隨時關注日本。等到您覺得「日本夠資格與臺灣聯手」的時候，請再認真考慮「日台同盟構想」的提案。

馬英九守護靈：所以說，不希望多數日本人都只將臺灣理解為「甘蔗和香蕉的出產地」，而希望日本將臺灣看成是發達國家。如果要談「日台同盟」，就請日本先宣佈「臺灣是個國家」。如此一來，中國就一定會被激怒。因此，日本必須擁有能夠反駁其怒氣的言論和實權。

饗庭：是的。我們應該掌握這種能力。

馬英九守護靈：「臺灣是個國家。對此，日本必須要負責任。日本和臺灣能夠自由交流，所以有著共同維護『作為國家』的價值觀的權利和義務。」日本要挺身說句話啊！你們不是美國的「金魚糞」嗎？但那是不可取的。如今，美國只會不斷地從亞洲撤離，這種國家是不能信賴的。如果我們一直追隨美國，最後就只會滅亡。因此，日本也無法信賴。此前，不是還有個政壇人物說假話，宣稱「我承諾」、「請相信我」等等嗎？（注：這裡是指日本前首相鳩山在與歐巴馬總統會談時，就解決普天間基地轉移的問題，所做的發表）。那樣根本行不通。不會英文，還稱自己「留過學」，滿口是謊言。

馬英九守護靈：完全不能相信日本人！因此，除非日本會出現講信用的人，否則我們絕不會與日本合作。

饗庭：是，我們會努力變成有信用的國家。敬請您期待！

馬英九守護靈：嗯，信用是很重要的！我們不會像韓國人和中國人那樣，總是向日本要求「賠償」、或者「為過去的壞事道歉」等。對於這些事情，我們現在都不想再談了。

就如同你們所說的，日本也曾做過好事，所以我們也不想要什麼賠償。但我可以明確地說：「我們絕不會和無法信賴的日本合作。」與你對話後，我覺得自己好像變聰明了。

饗庭：我想有很多人都很尊敬您，所以請務必多多關照。

馬英九守護靈：是嗎？嗯，你這麼想就太好了。（面向另一位提問者）你果然是從

地獄來的吧！（會場笑）

酒井：好的，那就到此結束吧。謝謝！

馬英九守護靈：嗯，好吧！

六、臺灣不得不採取「觀望式外交」

大川隆法：或許是馬英九總統的守護靈還不能夠對日語運用自如的緣故，所以他也沒有能隨心所欲地表達自己。在這個意義上說，這確實是為難他了。

不過，他似乎處在很微妙的立場上。一旦言辭過於明確，他就將「露出稜角」、或者說四面立敵，所以說他現在生存在非常微妙的環境當中。

而且，當他在眾多選項中做出一個選擇時，臺灣的命運就將會有定論。因此，「那個決定是否有利於臺灣未來的發展」，要對此負責可是相當沉重的壓力。從這個意義上看，感覺他一直在努力維持這個「能夠靈活變化」的立場。

眼看著美國的形勢日漸衰退，臺灣似乎只能暫時採取「觀望主義」。若美國能明確表態「就算與中國對戰，也必定力保臺灣」的話，他們的態度或許也將改變。但目前美國還是「含含糊糊」。他們也就只是觀望了。

我能夠理解他的心情，他處於「很嚴峻」的立場上啊！

第三章 後記

台灣和沖繩若被中國吸收合併的話，日本變成中國的殖民地就只是時間的問題了。之後，想必大中華帝國之路將遍及整個東亞地區吧！

然而，那中國是一個無神論、唯物論的國家，並且實質上中國人沒有基本的人權。那是一個共產黨一黨獨裁，既沒有信教的自由，也不認同言論、出版、結社自由的威權主義國家。

一個自由不被認同的地方，將沒有繁榮。若是日本不樹立國家戰略、外交戰略，那麼日本將沒有未來。日本將會變成電影「最後的審判」（二〇一二年六月上映）的內容一樣吧！

現今正是國民展現勇氣和氣概的時候！

二〇一二年 三月二十九日 幸福科學集團創始人兼總裁 大川隆法

第四章　前言

為了解讀現今中華人民共和國（北京政府）和中華民國（台灣）的關係，以及其未來，各位應該回到被稱為「國父」的孫文的思想，重新出發。這對於正確理解日中關係，構築和平的未來亦非常重要。

孫文以日本的明治維新為範本，試著將「三民主義」做為基本，於民主主義中，在神之下建設平等的國家。

在一九一一年的「辛亥革命」中，日本人支援了孫文，並且為了中國的進代化做了貢獻，對此我感到很驕傲。我衷心期盼日中兩國能共有真正正確的真理，並成為友人。

二〇一二年　三月一日　幸福科學集團創始人兼總裁　大川隆法

第四章　孫文的靈言——

革命之父講述中國民主化的理想

二〇一二年二月八日　靈示

孫文（一八六六年～一九二五年）

中國的革命家、思想家，曾於日本流亡期間領導了推翻清朝的運動。一九一一年辛亥革命爆發後，曾擔任中華民國的首任臨時大總統。不久，即讓位給軍隊的實權派——袁世凱，但之後仍然以國民黨領袖的身份開展活動，提倡民族主義、民權主義、民生主義構成的「三民主義」，直至死前仍持續進行革命運動。

提問者：＊按提問順序排名

佐藤直史（幸福科學出版社社長）

矢內筆勝（幸福實現黨出版局局長）

山下格史（《The Liberty》雜誌編輯部主任）
（職位均為收錄時所任職位）

一、孫文是何許人物？

被臺灣和中國尊為「國父」的孫文

大川隆法：今天我們來收錄「孫文的靈言」。

許多日本人都不太知道關於孫文的事，所以我來簡單介紹一下。對於孫文這一名字，有許多人未曾聽聞過，甚至還聽說有人問道：「『magofumi』（編注：此為「孫文」二字的日語訓讀發音）是什麼意思？」這是我昨天所讀資料中的一個小插曲，我還想：「居然會有這種事情！」軟體銀行（Soft Bank）的孫正義堅持要使用韓國的姓氏，迫使日本政府承認了「孫」這個姓。其實，「孫」也是一個中文的姓氏。

孫文還有幾個日語名字。

他生於一八六六年，於一九二五年辭世；死時不到六十歲，才只有五十八歲。日清戰爭是從一八九四年到一八九五年，可以說從日清戰爭時期開始，到他去世時的一九二五年之間大約有三十年的時間，是孫文作為革命家的革命生涯。孫文是受到當今北京政府——中華人民共和國和臺灣政府雙方共同尊敬的一位罕見的政治家。

過去在中國，每逢國慶日（建國紀念日），廣場上會陳列馬克思、列寧、史達林、毛澤東、孫文等的巨幅肖像。但從上世紀九十年代起，就只有孫文和毛澤東的照片，其他人都「被抹掉」了。

中國大陸到現在依然尊敬孫文，究其背後，可能有著「擁護孫文，即可吸收臺灣」的想法。孫文是國民黨的創始人，在臺灣被尊稱為「國父」。從這個意義上講，中國可能抱持著「擁護孫文，中國和臺灣就可成為一個國家」的深謀遠慮。然而，北京政府當然還在進行著思想統治。關於孫文，國民們也僅知曉一些略有歪曲的資訊。

孫文的名字在「文化大革命」期間曾一度消失了，後來才又得以復活。

孫文並非是中國特色的社會主義者，但北京政府似乎掩蓋了這一事實。其實，孫文是反對馬克思的社會主義的，然而中國政府隱瞞了這一部分的實際情況，只強調著此為現今中國得以成立之根本。

將中國從異族統治下解放出來的「辛亥革命」

大川隆法：去年（二〇一一年）是一九一一年發生的「辛亥革命」的一百週年，因此上映了一些與此相關的電影。

比如，在日本上映時採用了《1911》作為電影的片名，但其原名在中國就是《辛亥革命》。在此之前，還有一部名為《十月圍城》的電影。

此外，還上映了一部叫做《新少林寺》的電影；這部電影的時代背景設定在辛亥革命發生的一九一一年的第二年，即一九一二年。很多人都以為這部電影屬於「少林寺電影」，但其中有許多軍閥割據時胡作非為的場景，也有少林寺被攻打、放火的場景。

主演電影《1911》的是當紅影星成龍，這也是他的第一百部電影作品。他演繹的不是孫文這個角色，而是受到了孫文號召，在廣州揭竿起義的黃興。黃興是一個很了不起的人物，但是由於起義之前走漏了風聲，他遭到了清軍的反攻；電影中表現了他激戰的英雄形象。成龍還參演了《新少林寺》，但這部電影中他也不是主角，而是演了一個少林寺的廚子，一個「傻呼呼的大叔」。

「辛亥革命一百週年」，可以說是一個非常重要的事件。對於辛亥革命，現在的日本人可能不甚瞭解。或許還有人在想「這為何是一個重大的問題呢？」、「孫文又為何能得到臺灣政府和北京政府的尊敬？」因此，我想為辛亥革命做一些解釋。

在中國的歷史中，對於中華民國之前的清朝，很多人應該都有所瞭解。清朝持續了大約有三百年，如今的日本人都認為「清朝是中國人的王朝」，然而，清朝的三百年，其實是中國被外族統治的三百年。孫文的著作《三民主義》中，對此有過清晰的闡釋。清朝這個時代，是中國被滿族統治的時代。

滿族是少數民族，在中國的整體人口中所占的比例非常小。孫文的觀點就是「由清朝治理的三百年，中國其實是處於外國的統治之下」。

因此，從十九世紀後半葉開始，就產生了「推翻滿清」的運動。在清朝之前的明朝，漢族占統治地位，所以在十九世紀後期，興起了「反清復明」的革命運動。辛亥革命就是一場打破了持續三百年的異族統治，團結中華民族、建立新國家的運動。在這個意義上來講，孫文等人透過辛亥革命，發動了一場相當於明治維新的革命運動。

「使中國重新回到了漢族人的手裡」，因此孫文被稱為「偉人」，無論北京政府還是臺灣政府，都尊稱他為「國父」。

如果將清朝到中華民國的朝代轉換，僅視作為「中國內部的政權更迭」，則無法理解其意義的重大。殊不知，滿族其實是異族。

其後，日本在中國東北部宣佈滿州國獨立，擁立了清朝最後一個皇帝，即被稱為末代皇帝的宣統溥儀為滿州國皇帝。很多人都認為「日本在中國做了過分的事情」，要知道滿族和中國人，即漢族，根本就是兩個不同的民族。

此外，做為孫文的思想，即民族主義、民權主義、民生主義所構成的「三民主義」，也是非常著名的。

鴉片戰爭之後，中國被迫淪為歐洲列強的殖民地。因此，或許日本人通常會將孫文所說的民族主義理解為「將西歐列強趕出中國」。

然而，這個民族主義最大的目標，其實是清朝。也就是說，在清朝滅亡之前，「驅逐滿族，建立漢族自己的國家」，才是民族主義的核心。對於這一點，幾乎沒有日本人能夠理解。孫文的理解是「在長達三百年的時間裡，中國都處在外國人政府的統治下」。

清朝之前是明朝，再往前是元朝，元朝是蒙古族統治的時代。孫文認為「元朝也是『被外國所統治的時代』」。

孫文闡述到「中國人在建立最大的版圖時，也不過是將勢力擴張到裏海一帶而已」，而此處所指的應當是唐代。同時，他還講述到「作為異族的蒙古族異常強大，已經將勢力範圍擴張到了歐洲」。這很明顯，他並不認為是中華民族擴張到歐洲。他的觀點是「中國被蒙古異族所佔領，而蒙古族又佔領了歐洲」，並且認為「蒙古族非常強大」。

在民族主義的理解上，日本人與孫文有著不同的見解。

中國的「革命」常與宗教運動相結合

大川隆法：十九世紀後半期開始，中國出現了「廢滿興漢」的思想，即推翻滿族統治下的清朝、重建漢族國家的思想。並且，於一八五〇年發動了「太平天國運動」。洪秀全這個名字在世界史的教科書上應當也出現過，他宣稱：「上帝、天父耶和華的長子是耶穌基督，次子就是我——洪秀全；我是耶穌的弟弟。」並興起了與基督教息息相關的西洋式革命運動；這是在孫文出生之前的事情。

孫文似乎比較崇拜洪秀全這個人物，也起了想要效仿他的念頭；我希望大家能夠知道孫文是一個這樣的人物。

在中國，革命經常和宗教、特別是新興宗教的運動相結合，所以中國政府有著非常懼怕宗教的傾向。

因為有「耶穌的弟弟依從天父之命，要興起革命推翻清朝」的先例，所以「現在北京政府非常懼怕幸福科學」。繼「法輪功」（注：自稱是氣功團體，但是被中國政府認定為宗教，並遭到鎮壓）之後，又出現了「幸福科學」。中國政府覺得：「幸福科學也將攻擊過來。」因此感到害怕。

北京也曾有過幸福科學出版社的事務所，但最近因為受到中國當局的調查，迫於生命安全的問題，現在已經撤銷了。

據說，前來調查之人說道：「總之，我們現在晚上都睡得不踏實。關於你們的報告已經傳到了北京政府的中央部門，中央部門也在緊張此事。你們在日本和全世界開展的活動，我們已經都調查過了，我們全都知道了。」他們似乎認為「幸福科學正要興起什麼革命運動」。

的確，看上去會有這種可能。我們非常率直地道出真話，並且在臺灣和香港都有開展活動，所以我們的思想勢必也會傳到了中國政府那裡。

在某種意義上說，「宗教家點燃革命之火」的事情也有可能發生，所以中國政府非常地懼怕幸福科學。

我的著作《常勝之法》的中文版本，在中國也成為暢銷書，我的名字亦是漸漸被中國人所熟悉。因此，中國政府或許是擔心：「如果此人像孫文那樣在海外指導中國革命，後果將不堪設想。」

孫文承認「神之下的平等」，批判馬克思思想

大川隆法：孫文生於一八六六年，自日清戰爭時期開始作為革命家開展活動，年輕時曾在夏威夷的學校接受過英文教育。

此外，他在香港的學校念書時，還接受過基督教的洗禮。他是一位基督徒，接受過嚴格的新教洗禮，並且學習過相關知識。但隨後，他很少出現在教堂。然而，他辭世時還留下「要相信神」的遺言，所以說他一生都抱持著信仰心；在這方面，他與馬克思截然不同。此外，孫文所講的平等是「神之下的平等」，那並非是馬克思所說的平等。

對於「特權階級、富裕的階級是從他人身上榨取財富，有錢人處處受到優

待，因此要剝奪他們的財產，將其分發出去，以平等分割財產」的思想，孫文明確地指出「這是不對的」，並且做出了否定和批判。

孫文是主張「神之下的平等」，但並非是「平等地分割財產」。他指出「馬克思是完全錯誤的！富裕之人都是透過相當的努力和才華，方終於能夠有所成就。然而，馬克思卻並沒有意識到這一點」。

因此，關於剩餘價值（注：馬克思經濟學的基本概念。超過勞動者所生產而出的價值（工資），被資本家所榨取），孫文也指出「對此，馬克思亦有理解不當之處」。

孫文辭世後，中國大陸經歷了基於馬克思主義的社會主義運動。然而，對於馬克思主義思想中的「階級鬥爭」，孫文也明確地提出了「這是不對的」，並且還進行過批判。

可是，北京政府卻隱瞞了這部分事實，對此幾乎是隻字不提。對於「孫文是基督徒，他信仰神，主張『神之下的平等』，他承認另一個世界和神的存在，完全否定馬克思關於『宗教就是鴉片』的論調，並且否定階級鬥爭」

等事實，北京政府並沒有向中國人民公示。

北京政府頌揚孫文「透過興起革命建立了中國人的國家」，並認為「其後，蔣介石的國民黨和毛澤東的共產黨兩黨之間發生內戰，因而導致了國家分裂」，因此認為「孫文是雙方的祖師」。然而，孫文的思想與馬克思的理論根本是大異其趣的。

辛亥革命的模範是明治維新

大川隆法：此外，還有一點是「孫文與日本之間的淵源非常深厚」。

孫文在流亡期間，曾經多次停留日本。在中國，革命者都是有生命危險的，所以會經常逃離到日本；不僅是孫文，還有很多人都來過日本。他藏匿在日本後，以日本為據點，指導了中國革命；他還有很多的保護者，其一就是梅屋庄吉。

順便提一下，在中國孫文雖然有中國妻子，但他到日本後，又和日本人結了婚。在他和第三個妻子成婚時，就與中國的第一個妻子離了婚。

這第三個妻子就是宋慶齡，她在著名的「宋氏三姐妹」中排行第二。她的姐姐是孫文的秘書，孫文娶了自己秘書的妹妹。為這對夫婦證婚的是梅屋庄吉；梅屋庄吉在香港經營了一家照相館，在日本也有自己的事業。

宋慶齡比孫文年輕二十七歲，她出生的宋家非常有影響力；這樁婚姻對於孫文也是意義重大的。

宋慶齡的妹妹宋美齡在美國鋒頭很健，是蔣介石的夫人。因此，孫文與蔣介石也算是姻親，因為蔣介石的妻子是孫文的妻妹。

在第二次世界大戰中，宋美齡曾經於美國各地進行講演，呼籲「請救援中國」，因此美國的反日運動日益高漲，日本也為此吃虧不少。

「英文好」是她的強項，她畢業於美國的學校，英語說得非常好。在美國的各大城市進行講演，反覆宣講著「日本在行不義之事」。所以說美國對日本的攻擊日益加緊，也少不了她的功勞，雖然只是一名女子，但卻是非常地「能幹」。言歸正傳，在日清戰爭（編注：鴉片戰爭）中，中國輸給了日本。但那時的中國並非是真正意義上的中國，而是滿族的中國，以李鴻章為代表的大清國戰敗了。因此，雖然在日清戰爭中失敗了，但之後還是有很多中國人來到日本。

孫文說：「歐洲用三百年完成的事情，日本在明治維新之後僅用了三十年就完成了。然而，現在我們必須用三年的時間來完成它。」

孫文就任了中華民國的第一任臨時大總統後，考慮到自己長期流亡國外、權利基礎薄弱，為了能夠整合國內，需要軍事力量，因此他便將總統之位讓給了袁世凱。

正如電影中所描述的那樣，袁世凱是一位令人生厭的男士。在袁世凱時代，日本提出「對華二十一條」，並且對中國提出了種種要求。

當時孫文曾多次居住在日本，進行了建立新中國的運動，那也是推翻中國政府的運動。因此對於孫文而言，與日本、中國之間的關係都十分微妙。

當時他是這樣考慮的：

「如果日本想要侵略中國，日本只需十日就可消滅中國，日本擁有著這般實力。十天之內，就能讓中國滅亡。為了與此對抗，中國應當同美國聯盟，藉以夾擊日本。如此一來，將變成消耗戰，最終日美兩國都將元氣大傷，或許，日本還可能滅亡。只要與美國結盟作戰，中國就會有希望。」

孫文對於將來進行了諸多推想，但他也曾明確地說過以下話語：「可是，我受到了很多日本人的幫助，日本有恩於我，我又不願意和美國一起消滅日本。所以，我無法贊成『聯美抗日』的作戰方案。」

日本從建國以來，至孫文生前為止，從未侵略過外國，所以孫文很尊敬日本。辛亥革命效仿的模範是明治維新；在明治維新中，因為「廢藩置縣」結束了各藩群雄割據的狀態，而讓日本統一了。對此，孫文的評價很高。為了統一被各地軍閥割據的中國局勢，他選擇了日本的明治維新作為範例。「日本乃中國之師。」他曾這麼說。

與日本作戰的不是「毛澤東的共產黨政府」，而是「蔣介石的中華民國政府」

大川隆法：孫文曾經在夏威夷和香港的學校就讀，之後又在中國研讀了醫學。期間，他始終是名列前茅，實屬公認的秀才。他的本職是醫生，所以不算是科班出身的政治家。

雖然他出生貧寒，只是廣東省的一介貧農之子，但長大後卻能夠在夏威夷學習英語，接受基督教的洗禮，並且研讀醫學、成為醫生；這就是他的經歷。他是一位偉大的領袖人物，可身高卻只有一百五十多公分。中國有許多身材高大之人，因而他顯得比較矮小，和勝海舟個兒頭相近。「一個小個子男人有著如此強大的力量」，這確實令人感到不可思議。因此，我們就更加明白「人的外表並不重要，重要的是人腦子裡的東西」。

據說孫文「用英文寫文章比用中文寫還要快」，由此可見他的英文底子也相當強。並且，他應該是精通英語、日語和中文等三國語言。

他是以日本為模範，推動了中國的革命運動。如果他能夠活得更長一點，不是六十歲之前辭世，而是活到八、九十歲的話，日中戰爭可能就不會是這個結局，第二次世界大戰也可能會受到影響。他若能活到八十五歲左右的話，或許第二次世界大戰也會是另一種結局。

二戰結束後，是「蔣介石」對「毛澤東」的戰爭，毛澤東在內戰中獲勝，但日本的作戰對象卻不是毛澤東的共產黨政府，日本作戰的對手是蔣介石的中華民國。「毛澤東建立了新中國」，即現今的中華人民共和國，此國在歷史上並沒有和日本發生過戰爭。

既然日本沒有和當今的中國共產黨政府發生過戰爭，所以根本就沒有勝利、也沒有失敗。與日本作戰的只是蔣介石的中華民國政府；希望各位能瞭解這個事實。

我在香港的說法播下了「種子」

大川隆法：這是一段曲折離奇的歷史，我講述了其梗概；孫文大致就是一個這樣的人物。去年我至香港巡錫，在那時的說法（二〇一一年五月二十二日，本書第五章）之中，我提到了「孫文擁有著如來的靈格」。並且，我還效仿孫文，向香港人民播下了「種子」。

孫文在辛亥革命發生前數年，曾在香港停留過幾個小時，與中國各省的志士們進行了秘密會談，探討有關同時起義的問題；從某種意義上講，那就是一個開端。電影《十月圍城》中，講述了孫文在香港停留的一小時中，企圖暗殺他的殺手團與保護他的義士團之間的攻防戰。

孫文是擁有如此影響力之人，我效仿孫文，在香港的說法中，跟香港人說「請香港成為中國的領導」，所以我想我早已經被中國當局列入黑名單了。

以上即是關於孫文等的一些概要。

（手持封面印有孫文肖像的書，展示給觀眾）孫文的長相是這樣的。

二、中國政府如何看待幸福科學

召喚孫文之靈

大川隆法：剛才的前言說得比較長，現在我開始召喚孫文之靈。

（合掌、閉目）

現在我要召喚中國的革命家，即由當今的中華民族所構成的統一國家之首任臨時大總統孫文之靈。

孫文之靈，請您降臨到幸福科學的總合本部，向我們講述本心。

請告訴我們中國今後的情況將如何，中國與臺灣的關係會怎樣，與美國和日本的關係會如何，在世界格局中中國的發展方向又會怎樣。

此外，如果您對中國下一任領導人的基本思想，以及「應當如何對待他」等方面有一些見解的話，也請您賜教。

我不僅僅是在為日本人說話，為了中國人，也為了全世界人民，請您就今後的應有之姿和思想，給我們一些指教。

孫文之靈，降入我身。孫文之靈，降入我身。孫文之靈，降入我身。

孫文之靈，降入我身。孫文之靈，降入我身。孫文之靈，降入我身。

孫文之靈，降入我身。孫文之靈，降入我身。孫文之靈，降入我身。

（約十秒的沉默）

孫文：啊，嗯，啊……

佐藤：請問您是孫文先生嗎？

孫文：啊，是的。

佐藤：真誠地感謝您今日能夠降臨幸福科學的總合本部。

孫文：嗯。肩膀好酸，這是怎麼了？唔～～肩膀很酸。

佐藤：我是幸福科學集團的出版部門負責人，我的名字叫佐藤。

今天我想向辛亥革命的指導者、做為「中國革命之父」，為中華人民共和國和中華民國的兩國人民所敬仰的孫文先生，請教今後中國民主化的進程、美國和日本等亞洲周邊國家應當承擔的責任，以及幸福科學在與中國進行思想戰時的一些重大要點。請多多指教。

孫文：一上來就提出了一個很大的問題啊！

佐藤：是啊，一開始就是大問題！

孫文：一上來就是大問題啊！

幸福科學出版社的北京事務所，遭到了當局的檢查

佐藤：此次請孫文先生來到這裡，有一件事情是為契機，我想就此請教您一個問題。

孫文：請說吧！剛才大川隆法總裁說的話，我也聽到了一些。

佐藤：迄今為止，幸福科學已經出版了十九冊大川先生著作的簡體中文譯本。特別是在去年五月份，出版了一本講述人生勝利法則，名為《常勝之法》的書籍；這本書在中國被評選為二〇一一年的年度暢銷書籍。

孫文：嗯。

佐藤：此外，去年我們還在中國各省的大學裡面舉辦了書籍研討會等活動，有很多普通的學生參加了我們的活動。我們感覺到「一般中國民眾對於『發展的教義』、『心靈的教義』有著強烈的需求，超乎了我們的想像」。

孫文：嗯。

佐藤：在這種狀況下，下一任的國家主席習近平在今年的年初，發表了關於「強化對大學的思想管制」的聲明，於是我們現在也變成了思想管制的對象。比如，幸福科學在中國的一個活動據點：北京的辦事處，最近就遭到了當局的搜查。

在此，我想請教孫文先生，中國政府和共產黨究竟是如何理解我們在中國開展的包括書籍出版在內的各項活動？我們問過當地的職員，據說實際進行搜查的檢察官稱是「就像在心臟裡裝著炸彈一樣」，說出了相當激烈的話語。

孫文：心臟裡裝著炸彈？

佐藤：是啊！他們還說「大川隆法總裁現在已經超越北京層面，成為了中國政府的問題」。

孫文：嗯。

佐藤：照這樣下去，會不會發生類似於對「法輪功」那樣的宗教鎮壓呢？請您告訴我們「今後將變成怎樣」，以及「幸福科學在中國應當如何展開思想戰」。

孫文：那麼，我應當從何種立場來談論呢？我是從日本的立場來談呢？還是從北京政府的立場來談？或者說從臺灣政府的立場？

佐藤：還是從中立的立場來說吧……

孫文：我從哪個角度都可以談的。

佐藤：首先，我還是想聽您從中立的立場上進行發言。

孫文：中立啊，那麼中立的位置大概是在哪裡呢？是在釣魚台附近嗎？（會場傳出笑聲）對此問題說辭各異，所以不太好說。

我不認為他們是因為《常勝之法》一書在生氣，並非是因為《常勝之法》，而是因為《想要成為世界皇帝之人》（本書第二章），或者類似的書籍。你們曾出版過那樣的書吧？

佐藤：是的。

孫文：關於習近平真實身份的書。

佐藤：我們是出版過。

孫文：啊，中國就是為了這件事情而生氣啦！他們已經調查過了，內部也做了翻譯。你們這麼快就揭露其身份，這樣不好，他不希望被揭露。今後想要做的事情，卻被你們早先知道了，這能不生氣嗎？

「習近平時代」已經開始了

孫文：習近平雖然還未當上主席，但「習近平時代」已經開始了，至少有十年會是習近平的時代。所以從今年開始，思想管制將進一步增強。

因此，移民國外的人也在增加。諾貝爾和平獎得主的朋友們都感覺「受到威脅」，因而紛紛開始移民。這種動向與經濟的繁榮，以及「與西方進行貿易，拓寬發展」之間的關係非常複雜。

現今，在經濟發展方面，隨著北京奧運和上海世博會的結束，投資熱潮也開始冷卻，房地產的價格暴跌，人民的不滿也積壓到了一定程度。因此，日後必將會出現不滿情緒爆發的現象，國家亦將陷入動亂。為此，必須找到一個懲戒的對象。

如今他們正在努力尋找一個「能夠殺一儆百的合適對象」，法輪功已經是過去的事情了。因為當前的泡沫經濟而變得貧困之人、失去資產的有錢之人、失業之人等都在增加，而這些事情都不能歸咎於以前的人，所以他們想要找到正在活動的組織來為此負責；你們很容易成為這樣的目標。

此外，中國還有臺灣問題。

作為中國政府，從英國手中收回香港之際，約定了「香港的經濟體制五十年不變」。中國的用意就在於，藉著香港的持續繁榮，可以和平地吸收臺灣。說實話，一旦加上思想管制，那就將與自由主義社會有很大差別。這一點他們也知道，所以和平統一臺灣是很困難的。然而，若是思想不加以統一的話，中國將會是各處遊行四起的狀況，政府也很為難。目前，特別是中東局勢激變，如果同樣的事件發生在中國，後果將不堪設想。

因此，對於煽動如此舉動的行為，他們很可能會採取封口措施。這也是一種賭注，所以很難抉擇。如果是大舉鎮壓，可能會重蹈天安門事件的覆轍，被全世界批判。如此一來，又將導致發展滯後；因此，對此必須妥善處理。

此外，在北朝鮮也發生了某種程度的政變。「金正日死亡，政權變成金正恩掌控」，這也是一種政變，能感覺到「周圍有許多鬣狗在覬覦」。

「應該如何對待北朝鮮」，這是許多國家正在秘密思考的問題。關於此問題，也有進入臨戰狀態的可能性。

因此，為了確保不發生「國民揭竿起義、國家進而分裂」的事態，中國政府目前正在加強思想管制。

還有一點，就是美國，應當如何對待美國呢？

在敘利亞和伊朗問題上，中國和俄羅斯都持消極態度，聯合國也無法出手。而美國方面，即使是歐巴馬，也即將開始對那裡伸出觸角。

這或許和今天的論點沒有關係，總之，歐巴馬面臨著兩個問題，一是敘利亞和伊朗問題，二是北朝鮮和中國問題。

美國政府日前正在讓美國國民離開中國境內，這意味著一個事實。

有許多美國企業在中國投資，而現在美國政府開始指導這些企業，將營運權交給那些有美國留學背景、現在已經歸國的中國人。美國政府還勸告「讓中國人去經營在華的美資企業，美國人儘量撤離中國」；這美國政府的意圖不難推測吧？導火線也許是北朝鮮，也許是臺灣，兩邊都有可能。再或者，是中國發生類似於敘利亞的武裝暴動、示威遊行等事態，中國政府進行武力鎮壓。這三種可能性，恐怕就是美國現今所考量的。

應對如此事態的對策，已經逐步進行了。

此外，與此相呼應的勢力當中，有菲律賓、越南等國家；在西沙群島和南沙群島的歸屬權問題上，如今他們也明示了迎擊的姿態。因此，大中華帝國必須威震住這些敵對勢力。

如上所言，今年有可能發生紛爭的地區很多。不僅是臺灣、北朝鮮和中國，包括西沙群島、南沙群島附近的菲律賓和越南海域，也有可能發生武裝衝突。再或者，為了爭奪海底資源的歸屬權，中美之間的「代理戰爭」也可能在所難免。

如此看來，至少有五個地區以上，甚至還有更多的地區，會於今年發生紛爭。

而且，相關國家已經進入了備戰狀態。

中國政府因幸福科學的行動而緊張

孫文：此外，特別是「在日本疑似為『法輪功第二』的幸福科學，還在進行一些可疑的行動」，這也令中國政府感到恐怖。

中國政府本來就害怕宗教團體，偏偏幸福科學又在世界範圍內活動甚廣。國際本部正奮起向全世界擴展，但凡中國打算獲取資源的國家，幸福科學還都設立了支部。對於這些資訊，中國政府也全部作了記號。

他們似乎認定是：「在中國定下目標想涉足踏入的地區，幸福科學好像都要介入其中，並發展信徒。」

日本現在是民主黨執政，中日間的友好關係有了進一步加強，讓人不禁懷疑「日美間與日中間的關係，是否將變成對等距離」。反之，這也讓人擔憂「日本是否會成為中國的敵人」。

此外，中國政府還掌握了「幸福實現黨雖然在國會中沒有議席，但卻能夠將兩名民主黨的黨首拉下馬；他們是透過很大的努力做成了這件事」的情況。

他們還知道，幸福科學對日本當今民主黨的第三代首相，也擁有相當大的影響力。雖然原因不明，可是「首相很懼怕幸福實現黨」。

他們好像在懷疑「幸福實現黨是沒有議席的幽靈政黨，他們能依附在其他政黨的身上，進而將其毀滅」，因此「比起政黨勢力，其實他們在宗教方面更有實力」。總之，你們的活動，其實全部都在他們的視野中。

佐藤：是嗎？

孫文：是的。你們在做什麼，他們全部都知道。只是你們的活動是否正確，這一點他們好像還不明白。對於大川隆法總裁，是應該稱作為「老師」，還是革命家，是「洪秀全」，亦或者是類似於法輪功的首領人物？他們不知該如何判定。北京政府的翻譯局也正努力從大川隆法總裁的書籍當中，尋找出他思想的痕跡。結果在書中發現了很多「革命」的字眼，因此他們勢必「做記號」了。

佐藤：是啊！

孫文：對中國政府來說，革命是很可怕的。尤其是宗教說「革命」時，都是玩真的；這就是他們害怕的地方。

此外，大川總裁還舉出了孫文之名。提起孫文，便是一種可憎的兵法。中國政府認為「幸福科學擁戴孫文的舉動很可疑，這很可能是『反病毒作戰』」，並且推測「幸福科學是想透過擁立孫文，在臺灣和香港等中國想要吸收的地域，宣揚幸福科學的思想，將『病毒』反銷至中國內部，促使中國爆發內亂，興起革命運動」。

佐藤：是。

孫文：去年大川總裁進行了亞洲的巡錫演講，行程和希拉蕊．克林頓的行程剛好有重疊。在中國政府看來，「幸福科學不僅能影響到美國的共和黨，甚至連民主黨也能撥得動」。因此，這是一件非常恐怖的事情，他們強烈地懷疑「日美之間似乎已經聯手了」。

佐藤：唔——。

孫文：最近你們出版了《北朝鮮——結束的開始——》，這本書得到了廣泛好評。中國政府則聯想到「這個不知是宗教還是政黨的團體，真的很可怕，他們好像是打算要摧毀北朝鮮！」、「下一個目標肯定就是北京吧！」

佐藤：原來如此。

孫文：中國政府對你們的身份和動向全都掌握得很清楚……

佐藤：是嗎？

孫文：他們想知道你們的真實想法，所以很希望你們出「大川隆法的靈言」，而不是

「孫文的靈言」，他們很想聽聽「你們今後打算做什麼」。在海外講演時，要多加小心，千萬不要被忽然綁架。你們的警衛防範很薄弱，所以請切記謹慎、免遭綁架。他們現在很緊張。

佐藤：是的。

事實上，來到北京辦事處的官員，對本會的印象也是「這個團體真是令人捉摸不透」。並且還問道：「你們到底是宗教團體，還是出版社？」這證明中國當局對於思想戰，即「透過思想進行戰鬥」是非常懼怕的。

孫文：因為這正是「共產黨的作戰方式」。

將馬克思主義傳播到全世界，靠的正是書籍的出版。賣書，開書店，讓自己的書變成暢銷書，讓知識份子去閱讀馬克思的書、列寧的書。他們的集會場所經常設在書店的二樓，在那裡進行讀書會、閱讀會和學習會，以此增加「細胞」，傳播自己的思想，從知識份子階層開始傳播自己的思想；這是形成政治運動之前的作戰方法。

佐藤：是的。

孫文：因此，中國當局認為「幸福科學是不是要採用與共產黨相同的兵法，反過來攻擊『始祖』呢」？

中國害怕「日、美、印」同盟牽制中國的海洋戰略

佐藤：我們將大川隆法總裁的書籍稱為「經典」，但不知是否可以說「藉由經典普及思想的傳道方法，在中國大陸是有效的」嗎？

孫文：不僅是有效，而且是「太有效了」！

佐藤：啊，是這樣的嗎？

孫文：是啊，太有效了！你們已經踏進了中國的下一個假想敵國——印度，並且還大肆地宣傳了「佛陀再誕」吧？

佐藤：是，是的。

孫文：這是意在「下一步要用印度來牽制中國」的戰略吧？

日本的政治家只限於進行禮貌性的訪問，還未意識到與印度外交的真正意義，工作做得還不夠。對此，反倒是宗教還比較理解。既然能夠讓對方接受「佛陀再誕」，印度和日本之間就有可能結成「日印同盟」。

佐藤：是啊！

孫文：如果「日印安保同盟」成立，美、日、印三國形成三角形同盟的話，中國就將被劃進這個三角形之中。

佐藤：啊，是這樣啊！

孫文：這是非常強有力的；中國的下一個競爭對手，無疑會是印度。在人口數量上，能夠與中國匹敵的只有印度。在我進行辛亥革命時，中國僅有四億人口，然而，如今已將達到十三億至十四億了。目前印度人口有十二億，據說「馬上就要超越中國」，而且，他們還擁有核武器。

因此，一旦印度和日本結成軍事同盟，美國、日本和印度就將形成三角聯合，這是非常可怕的。如果能與美國和印度雙方都結成同盟國，那麼即便日本的核武戰略延滯，也可以從兩側夾擊中國。

對於中國的海洋戰略，目前美國正試圖用第七艦隊加以抑制。如果印度的海軍艦隊亦加入警備，在臺灣海峽出現紛爭時，印度、美國，再加上日本，將站在同一戰線。如此一來，中國要解決紛爭，就變得難上加難了。

這也是現今習近平最頭疼的問題。

如今有大量中國間諜進入日本

佐藤：原來如此。

不好意思，我還有一事請教您，那就是對於實際展開思想戰的幸福科學……

孫文：你啊，「思想戰」這個說法，加上這個「戰」字，會給人有挑釁的感覺。

佐藤：這樣啊，失禮了！那應該說是「非常有影響力」。中國會不會為了調查幸福科學的實情，而往日本派遣批情報人員呢？

孫文：當然，有許多這樣的人。

佐藤：唔——

孫文：當然會了，不可能沒有吧？為了調查幸福科學，中國、美國、韓國、北朝鮮都派來了間諜，還有一些俄羅斯人；每個國家都在進行情報活動。在情報活動上做得不好、或者說不用心的，只有日本這個國家。雖然日本也有進行情報活動，但是做得不夠好，靈敏度不夠高。

如今，從中國來日本購物的觀光客中，就存在相當多的情報員。導遊當中，情報員的比率很高；他們對日本的重要據點觀察得非常仔細。

佐藤：啊，是這樣嗎？

孫文：去年地震（東日本大地震）的時候，他們也去災區看過，傾力分析了日本應對災難的能力和自衛隊的戰鬥力。應對災難的方式和戰爭時比較接近，所以他們在觀察日本人是如何應對災難的，並模擬分析「如果攻擊日本，產生一定程度的危害後，日本會如何行動」。因此，他們一直在觀察日本政府的動向、自衛隊的戰鬥力和日本國民的想法。

冷靜應對大地震之「日本深不可測的國力」

孫文：他們得出的結論是「日本的實力果然很強大」。即便發生了那麼嚴重的震災，日本還是紋風不動。這意味著一場犧牲兩萬人的戰爭，也不會有太大的影響。譬如，北朝鮮軍隊、或是中國軍隊從九州登陸挑起戰爭，死者最多也就是二萬人。其實他們是以地震為例，觀察日本的戰鬥力；最後其感受是「日本的實力果然很強大」。特別是，他們認為「日本的國民很厲害」，可以說從中國人看來，日本人是冷靜得「不正常」。遭受那麼大的災害，日本人卻能如此鎮靜，既沒有暴動，也沒有掠奪；既沒有放火，也沒有爭搶。換做是其他國家，至少也會發生暴動。可是，日本出現幸福實現黨的遊行。（會場傳出笑聲）

當然，也有一些反對核電的遊行，只是大家都將其視作「遊戲」，並未予以重視。媒體也完全沒有報導，這表示他們都認為「那些不是認真的」，僅是遊行而已。此外，報紙、雜誌等媒體上刊登了大量批判政府的報導。假如在中國那樣的國家，發生如此嚴重的震災或戰爭等，一般都將會完全封鎖消息，絕不可能出現批判政府的報導。

譬如在中國，政府頂著「震後重建」的正義之名，有人若想對重建工程的負責人，也就是政府宣洩不滿，那簡直就是天方夜譚。因此，看到日本媒體上大張旗鼓的報導時，他們感到「日本的實力確實是深不可測」。

雖說日本政府很軟弱，財政赤字很嚴重等，諸多批判層出不窮。然而在某種程度上，日本是「不管誰當總理，還是會浮在海面」的「不沉戰艦」，所以他們覺得「日本很可怕」。

總而言之，「日本人的國民性遠在中國人之上」。在中國南方的沿海地區，有人能拿到與美國人持平的收入，但從國民平均所得來看，日本是中國的十倍。

因此，在他們看來，日本擁有著非常的膽量、強韌精神和潛力。

日本人的平均所得高，並且國民的平均意識很強，換而言之，「共產主義革命所追求的目標，日本已經實現了」，這讓中國政府感覺恐懼。

中國欲將大川隆法的思想「扼殺在搖籃」

孫文：「如今，日本缺乏的只是思想。如果有人能夠在日本創立一種思想，並使該思想猶如『傳染病』一般流行，那麼中國被傳染的可能性就非常高。」為此中國對思想戰的警戒性非常強。

佐藤：是。

孫文：自稱為「佛陀轉世」的大川隆法，是讓共產黨害怕的存在。

中國引以為傲的有孔子的儒教，老莊思想——即道教；此外，還有「曾經是佛教大國」的榮耀。佛教至今在中國還有著眾多寺廟，在民間當中也存在著佛教信仰。如果「佛陀轉世」的消息傳入中國的佛教寺廟，那很有可能發生與印度、尼泊爾和斯里蘭卡相同的現象。一旦進入了佛教之中，就很難根除。

而且，這個宗教「不僅想進入佛教，還企圖踏入道教」。

如果佛教和道教的兩方面都遭到壓制的話，就會形成強大的「草根運動」，將極難鎮壓。

因此，中國政府決定將這種思想「扼殺在搖籃中」，盡可能不讓其進入國內，必須進行封殺，讓它停留在一種「有益於如何賺錢」的思想層面。

宗教的部分一旦正式介入，危險性就變得很高。而且，會有人異於你們的意圖，對你們的思想加以「二次利用」，進而發動革命。對此，中國會要加強警戒。

習近平推出將「中國霸權主義」合理化的新思想

佐藤：我還想向您請教一個問題。聽說孫文先生為了成就中國的革命，在流亡美國、英國和日本等地時，都建立了基地。

孫文：唔——。

佐藤：您和不少日本人都交情甚密，其中有一人名叫梅屋庄吉。梅屋氏曾經對您說過「您若起兵，我們將傾資相助」。今年我們所製作的兩部電影《最後的審判》和《神秘之法》，都是日活株式會社贊助拍攝的。而這位梅屋先生，也正是日活株式會社的創始人之一。

聽聞此事，我認為「這絕非是單純的偶然」。

這兩部電影的內容是「對只奉行眼見為實的唯物論國家敲響警鐘」。那麼實際上，這會對中國的民主化進程產生怎樣的影響？這兩部電影的意義和使命究竟是什麼呢？

此外，還有一個問題不太好啟齒，但請您賜教，發動革命時，資金的重要性。

孫文：正如剛才所介紹的，我是一位基督教徒，所以相信神，也相信確有來世。而如今中國共產黨所宣傳的，是唯物論的社會主義；這與我的思想是相違背的。

雖然不能將中國變成基督教國家，但至少有一位接受過宗教思想的人，並且是公認為中國的「建國之父」。因此，要公開承認「國父孫文的思想是錯誤的」，這對中國政府也很不利。

現實中的中國，近乎是完全捨棄了馬克思列寧主義。然而，要整合國家還必須有某種主義，因此中國對外還在宣傳馬列主義。但究其本質，那只不過是鎮壓宗教等革命運動的手段。

真正信仰馬列主義的人，早已經不存在了。只是現在還沒有出現能夠整合國家的思想信條，所以在創造出一種新思想之前，只能採用馬列主義。

下一任國家主席習近平，恐怕要提出新的思想。屆時，中國的霸權主義將會改頭換面。以前，戈巴契夫使用過「新思考外交」這個詞，與此相似，中國也將會採用一個別開生面的新詞，藉以使中國霸權主義合理化的思想。即換種說法來表達「大中華帝國」，並以此作為宣傳口號，展開一定的運動。

這場運動的頭號敵人，即為「思想、信條的自由」、「信教的自由」、「言論、出版的自由」和「結社的自由」等等，總之是西方的思想。

「西方的民主主義」一旦介入，中國將會四分五裂

孫文：不過，我所考慮的「三民主義」（即民族主義、民權主義、民生主義）與西方的民主主義也並非是完全一致，只是相對接近而已。

正如剛才大川總裁所言，三民主義中的「民族主義」是指創立一個中華民族自己的國家，這主要是指「趕走清朝的統治階級（滿族），恢復中國人（漢族）的國家」。當然，在鴉片戰爭以後，中國被迫淪為歐洲列強的半殖民地。因此，他們也在仿效日本，希望藉此將這些國家趕出中國。畢竟當年在亞洲，唯一將歐洲各國驅逐出境的就是日本。換句話說，「希望透過仿效日本，變成一個強國，然後取得國家的獨立」，這就是「民族主義」。

此外，「民權主義」比較接近於一種民主主義，是指「用自己的力量統治國家」。再來是「民生主義」，即「自己去享受自己建國的成果」的運動。如此「自己創造一個富足之國，自己去享受這種富裕」的思想，就是「以人民為本的運動」。

表面上看，中華人民共和國是「以人民為本」。但從政治體制來看，實質上還是共產黨的「一黨獨裁」。方才提到的「思想、信條的自由」、「信教的自由」、「言論、出版的自由」、「結社的自由」和「良心的自由」等等，這些基本人權都是不存在的。只有「統治的自由」。正因為只有「政府統治國民的自由」，所以他們最害怕的就是西方民主主義的進入。

不管總統是不是歐巴馬，美國都希望「中國民主化」，並且，現在仍在努力從經濟方面將中國誘導至自由主義圈。但在中國看來，民主主義就是「分裂」；我生前也是這麼認為。

中國人如同是一盤散沙，所以要融合這個國家並不容易。因此，現在的民主化問題也是同樣困難。

中國有著許多民族，許多自治區。如果給予他們自由的話，他們全部都將參加起義，中國便會四分五裂了。如同蘇聯分裂成「俄羅斯」和「其他共和國」一樣，中國各地也必定爆發獨立運動。如此一來，全國各地都將引發內戰，屆時中國或許會倒退到「辛亥革命統一中國」之前的狀態。

因為害怕這種事態發生，中國就採取了軍事強國的路線。對內是壓住民眾，對外則是「絕不讓可能產生混亂的『病毒』流入國內」的姿態。

此外，要養活近十四億人口，就必須從很多地方收集資源。中國之所以採取強化海軍戰力的海洋戰略，就是因為想從非洲、南美和澳洲獲取資源。但這些資源都需要相應的軍事力量，否則隨時會遭到威脅。

這就是中國方面的觀點。

幸福科學的電影在中國會被禁播

孫文：我真不知應該站在何種立場給予你們建言，我想我應該告訴你們，從哪裡獲得資金吧！唔～你們曾經向日銀提過增印紙鈔的事吧？可是日銀不願意增印的紙鈔流通於市場上。既然如此，那麼「由幸福科學代為保管增印的紙鈔」，這個方法怎麼樣？我覺得很不錯啊！

你們可以說：「這二萬億日圓，暫時由我們來保管。」如果他們問起：「你們打算做什麼用？」你們就解釋說：「別擔心！這是用做『未來日本與世界』的革命資金，主要用於海外的活動。因此，不會對日本的經濟產生任何影響。」要給日銀「洗腦」，需要許多信徒，或者是，將信徒直接推為日銀的總裁。而且，必須控制政府力量，最終還必須掌握國家預算。

只是，我還不太清楚自己應該站在哪一方的立場。

佐藤：我們的實力還不夠，所以今後會更加努力。但是，我們認為電影是非常有效的傳播途徑。透過這類娛樂性的活動，將本會思想傳至中國，對此您認為如何呢？

孫文：啊，你是說電影啊！你們的電影恐怕無法在中國上映。即便不被禁止發行，也肯定被禁止進行上映。既然沒辦法進入中國，那就只能從鄰近國家發射信號，讓他們用「鍋蓋」（小耳朵）天線來接收了。

此外，作為一種游擊戰術，可以採用「盜版作戰」。佯裝是盜版商，其實是真正的發行商來故意製作盜版；這也不失為一種戰術。

佐藤：這可真是一個好辦法。

孫文：屆時你們還可以將他們一軍說：「中國市場上有許多我們會內的電影盜版光

碟，我們蒙受了巨大的經濟損失，我們是受害者。」同時，還能假借中國人自己的手來傳播教義。如果不是為了盈利，而只是為了弘揚思想的話，採用盜版也不失為一種手段。

佐藤：謝謝您！接下來容我們換一個提問者。

三、中國「對日戰略」的實情

中國在計算「日本擁有核子武器的可能性」

矢內：我是幸福實現黨出版局的局長，我的名字叫矢內。

孫文：嗯，怎麼你們看上去那麼像共產黨的出版局呢！

矢內：感謝您今天給我這麼寶貴的機會，我很想向作為「革命家」身份的孫文先生提問。當今中國，經濟發展所伴隨的陰影，即嚴重的腐敗現象正在蔓延。

孫文：腐敗？

矢內：腐敗。

孫文：哦，現在你提到腐敗的問題了。

矢內：是，而且貧富的差距在增加。

孫文：嗯，的確是如此。

矢內：此外，中國的普通百姓沒有選舉權，少數民族的人權也遭受著嚴重的迫害。我認為，當今時代很需要孫文先生當年想要推行的「中國的民主化」。面對中國民主化的問題，我們幸福實現黨願意也必須傾力相助。這不僅是為了日本，更是為了拯救「在中國共產黨獨裁下呻吟、喘息的十三億中國人民」。因此，我想請教革命家孫文先生，天上界是如何看待當今中國的？

孫文：或許要做一次「秦始皇的靈言」比較好吧！你們之間也有一些因緣吧？透過秦始皇的靈言威脅一下中國，可能也挺有趣的。

然而，在現實中要讓十三億人口吃飽飯是很不容易的，許多人都掙扎在溫飽線上。大城市還好一點，地方上有多少人是靠著每月僅一、兩萬日元的收入過活啊！所以，請不要以為每個中國人都能來到銀座購物。

來日本購物的有錢中國人也有，但即便是他們，也買不起「一千萬日圓以上的東西」。所謂有錢人，也是有限的。超級大富豪可能是人太少，也可能是沒來日本。嗯——，貧富差距的問題啊！

最近你們欺負鄧小平了吧？（注：二〇一〇年五月二十五日收錄了鄧小平的靈言。收錄於《亞當史密斯的靈言——新國富論》第二章）我都聽說了。那件事情搞得很大，中國已經掌握了那次靈言的資訊，正為此苦惱呢！

看來還是很需要「大川隆法的靈言」啊！他們很想知道「大川隆法究竟是怎麼想的」，可能的話，他們想要抓住本人，處以「百叩之刑」吊起來逼供，讓大川總裁吐露自己真實的想法，他們想問：「你到底是怎麼想的？究竟想把中國怎麼樣？」當然，中國最想知道的還是「那件事」。他們知道你們要和美印結盟，可是對於「日本會不會使用核子武器與中國對抗」還不是很清楚，所以想要搞明白這一點。

其實中國也在害怕，如果日本真的採取防衛措施、進行核子武裝的話，中國離日本很近，反之日本離中國也很近。要是日本採取核武戰略，美國亦託辭軍事預算有限、對亞洲坐視不管的話，中國也並非沒有能力戰勝日本。只不過，中國也將會遭受重創；這一點是毋庸置疑的。

在過去，日本輸給過美國，但從沒有輸給過其他國家。即便是遠征過歐洲的「元朝」，也輸給了日本。中國人瞭解這一點，所以很明白日本這個國家的厲害。李鴻章那麼引以為傲的北洋艦隊被日本輕易擊敗，俄羅斯艦隊也被日本殲滅了。日本為何會敗給美國，其理由也並非不知道。然而，如今日本和昔日戰勝自己的美國變成了朋友；這是日本人的可怕之處。

換成是中國人，肯定還在說「仇恨美國」、「討厭美國」之類的話。可是，日本卻輕易地成為了美國的朋友，日本這方面的國民性真的很可怕。

所以說，雖然可以給日本施壓，但如果「最終逼得日本進行核子武裝，並且給予日本充足的準備時間，那將會非常危險」；這也是習近平現在心中所想的最核心部分。日本準備核子武裝需要多長時間？施壓多大時，日本就會進行核子武裝？核武的完成度又會有多高？對此，中國正在精心解析中。他們認為「在民主黨執政期間應當沒有問題」，但同時也在考慮緊急情況出現時，日本需要多久能做好準備。

參與到「反對核電運動」中的中國間諜

孫文：福島核電站發生事故以後，各地都出現了反對核電的運動，要求關閉所有的核電站。在參與者當中，很多是中國人，至今，他們仍在呼籲「全面停止日本的核電」，並且還提供資金援助，策劃反核電運動。在這種情況下，幸福實現黨卻在大義凜然地說「核電是很重要的，需要繼續推行核電」。

事實上，中國在推進核電，美國也在推動核電發展。若只有日本廢止核電的話，就能拔掉日本這顆「牙」，所以中國才不斷派間諜進行廢核運動。

簡而言之，廢止了核電，日本就無法製造核子武器。只要不從國外購置原料，日本就無能無力，所以要「以這次地震為契機，一口氣廢止日本的核電廠」；這就是中國的戰略。為此，在日本的中國情報員如今又活躍起來了，在沖繩的美軍基地，也有許多情報員在積極活動。另一方面，他們對反核遊行和各種反對活動提供資金援助，開展著種種廢止日本核電的運動。

對於中國而言，核武就是一種「抑制力」，現今中國就是設法不要讓日本擁有如此抑制力。

日本的報紙也在大肆刊登反對核電的文章，有許多勢力都在反對核電。唯一敢向這些勢力進行正面還擊的，就是幸福實現黨。自民黨也沒有參與支持核電的活動吧，因為他們很害怕：實際上，新聞媒體也在煽動恐怖情緒。如果幸福實現黨變成了執政黨，那中國將感到萬分恐懼。

幸虧，日本的媒體「努力」阻止這種情況發生，大部分國民也認為「宗教是邪惡的」，因此中國現在也安心了；這也是日本教職員工會努力的結果。何況中國還派了大量間諜駐紮日本，正透過思想戰操縱著日本。

日本戰後將「共產主義」換成了「民主主義」，這種思想進入日本，就是現今日本失敗的原因。麥克阿瑟最大的失敗，就在於混淆了共產主義和民主主義。因此，吉田茂也是罪孽深重；如果吉田茂聽取了麥克阿瑟的意見，將憲法修改為可以重新擴充軍備，並且修正戰後路線的話，日本現在就會很輕鬆。

隨後在兩次安保鬥爭中，中國情報員也做出了很多努力。他們一邊為參與者提供資金援助，一邊鼓動學生運動，企圖掀起一場革命，雖然最終以失敗告終。然而，天安門事件發生的時候，中國政府也遭到了諸多批判。

創價學會是中國的「橋頭堡」

孫文：中國害怕的是資訊公開，最可怕的就是真相被公佈於眾，中國的內情被暴露。尤其是「中國版CIA在日本的所作所為」一旦被曝光，那將是最可怕的事情。中國正在使盡渾身解數，進行活動。而他們的主要敵人，就是幸福實現黨和幸福科學。所以他們現在的想法就是「必須要打擊敵人」，並且正在分析你們的戰鬥力。

法輪功宣稱自己有一、兩千萬的會員，但畢竟只是一個氣功團體，並沒有什麼作為。就算是他們謊稱會員過億，但也只是一個氣功團體。氣功這東西，沒有任何可怕。倘若是少林寺，那倒是很厲害。只是法輪功宣稱「比共產黨的七千萬人還要多」，這種語氣令中國共產黨很反感。

然而，譬如說你們在印度傳道出現了數百萬名信徒，在美國的信徒也在不斷增加，勢力範圍非常之廣；這對中國來說就是相當大的威脅了。

在日本，媒體還沒有充分地報導幸福科學的活動，只是偶爾會出現一些負面消息。但即便如此，中國還是很擔心有一天你們會逆轉形勢。

最近有報導披露你們「是否在利用廣告費操縱媒體」吧！對此，你們極為憤怒，反駁道「這是對你們的中傷和誹謗」。但在中國看來，卻認為「這可能是真的」，而且感到很緊張。如果真的開始用金錢來操縱媒體，那是很可怕的。中國正努力對創價學會使用懷柔政策，使其變成日本的前線基地、橋頭堡，並且，興起了公明黨和創價大學。做為對此行動的反擊，你們幸福科學也創立了幸福實現黨和幸福科學大學。創價大學是「中國間諜」的培養基地，所以幸福科學的舉動讓他們感覺是在分庭抗禮。在當今時代，宗教勢力的興起可能會導致政治勢力的變動，所以他們十分害怕。

如今，中國正在集中精力分析大川隆法的戰鬥力

孫文：現今，能夠召開數萬人的大集會，並且在全世界進行實況轉播的，僅有大川總裁一人；這是相當了不起的。

因此，在中國人看來，「日本的媒體之所以不報導幸福科學」，不是因為幸福科學是邪惡的，或者是因為他們是宗教，而是因為媒體很害怕他們。

將大川總裁視作「革命家」，這有點過分了，因為他早已超越了革命家的級別。做為革命家，「在世界各地的九十多個國家和地區都擁有支部和據點，能夠召集到幾萬人進行講演，並且還面向全世界數千個地區進行實況轉播」，這實在是厲害了。這已不是革命家的層次了，而是在革命家之上。如果是習近平是「企圖建立世界帝國之人」的話，中國眼中的大川隆法總裁則是「透過世界宗教來征服世界的人」，有著相當大的戰力。

反之，對方（中國）想要做的，是讓那些在日本被稱作「和平勢力」的「反軍事主義」、「反擴張主義」、「反核電」、「反資本主義」、「反擴張主義」、「反對大企業」的人，產生「對幸福科學的敵意」，從而使日本國內產生「內戰狀態」，進行「消滅幸福科學」的運動；現在中國的遊擊戰的目的就在於此。

然而，你們出版的書具有很強的思想性，在海外也有翻譯出版發行，一部分也進入了中國，這些影響是無法消除的。大川隆法總裁的書籍既有英文版，也有其他語言的版本。

而且，現在的中國人也可以出國，如果完全禁止出國，還有可能完全封鎖思想的進入，但是有多人因公出差到國外，所以無法做到完全封鎖。

此外，還有許多中國人在美國留學，如果在國外被「洗腦」怎麼辦？中國政府還在擔心這些事情。有許多有留學背景的人成為共產黨的幹部，成為菁英，這可能也是一個產生內部革命的契機。所以他們認為「到海外的人是有危險的，如果到了國外被傳教就麻煩了」，對此他們總是懷著警惕心。

總之，你們正在成為習近平感到害怕的團體。至少，你們擁有一種能力，「雖然在議會沒有席位，但卻可以讓總理下臺」的能力，這種能力超出了中國的理解範圍，中國也意識到你們擁有一種可怕的「權利結構」。

所以，中國政府的真實想法是，「如果『佛陀再誕』在中國得到認可，後果將不堪設想」。如果這樣的話，中國所有的寺廟，都可能成為幸福科學的革命據點。

除此之外，你們還瞄準了道教是嗎？中國認為，幸福科學聲稱「大川隆法的長子（大川宏洋）是『道家的祖師爺』」，這種說法是不是有什麼特別的意圖？

（注：大川宏洋的過去世是道教始祖之一的莊子）

你們控制了佛教和道教，還攻向了儒教。在中國，主要的傳統宗教還可以，但基督教、伊斯蘭教等就無法擴展到一定的範圍，你們知道這一點，於是選擇了佛教、道教和儒教，來作為進入中國的手段。還是幸福科學最可怕。

所以如果現在你們有了充足的資金，事情就會變得很嚴重。如果你們有了錢，就會興起革命，所以中國必須努力地不讓你們有充足的資金。如果你們在中國有了資金，後果將會很嚴重，只要你們擁有日本國家預算的百分之一，就會引起許多事情。只要你們可以自由地使用百分之一的國家預算，世界各地的運動就會變得風起雲湧，這可不得了。

現在中國正在集中精力分析大川隆法的實力，他們的結論應當會是「現在沒有能夠與之相抗衡的思想家」。中國國內沒有，中國以外的國家也沒有。「在日本，沒有能夠論戰戰勝大川隆法的人」，日本的媒體幾乎都已經敗給大川隆法了。

此外，就只能製造出一些個人的醜聞去攻擊大川隆法了，比如說金錢、女性、或者是犯罪等，估計他們現在正在籌畫此事。

中國開始認為大川隆法是「將革命家送至世間之人」

矢內：方才聽完您的一番話，讓我感覺到這次的事件也是如此，「中國共產黨之所以對幸福科學和大川隆法總裁如此緊張」的原因，其實是因為正如您所知的，中國是「易姓革命」的國家……

孫文：正是如此。

矢內：易姓革命的意思，即是「當政府或皇帝的施政是在迫害黎民百姓之時，上天就會發命改朝換代」……

孫文：是的，正是如此。

因此，大川隆法若只是一介革命家，僅是革命家的一員，那問題還不至於那麼嚴重。可是觀其思想，大川隆法已經超越了革命家，而是「將革命家送至世間之人」了，這才是最可怕的地方。

如此一來，這意味著「大川隆法本身就是天命」。而一旦承認他代表天命，那就表示「是上天發命要在中國興起革命」。於是，革命將勢不可當。

矢內：是的。

孫文：所以這是最可怕的。

現在，大川總裁在日本自稱是「佛陀再誕」。但不知是因為日本人是無神論、唯物論，亦或是沒有信仰心，居然沒有對自稱為佛陀再誕的人加以鎮壓。日本應當再努力一些，做為政府，本來必須進行鎮壓，可日本政府卻置之不顧，放任了二十五年。並且，在印度、斯里蘭卡、其他亞洲各國、澳洲，還有南美、美國等地方，都在進行傳教。但實質上，卻沒有一個地方能夠鎮壓。

提及「佛陀再誕」，若不加小心的話，國家都很有可能被顛覆。特別是印度，國家被顛覆的可能性很大，所以政府必須予以鎮壓才對。對於自稱是「佛陀再誕」，並且有可能佔領印度的組織，本來進行武力鎮壓亦無妨，可是，它為何會如此歡迎呢？這很令人稱奇。

如果印度否定幸福科學的話，那麼如此思想進入中國時也能阻止。可是，印度卻偏偏很歡迎幸福科學，中國也就感到了危險。

此外在香港，幸福科學也抓到了中國的痛處，可以說是直攻心臟。香港人是中國人，又不是中國人；一半是中國人，一半是歐美人吧！

因此，香港人都想要逃離香港；而幸福科學對香港人說「你們要領導中國」，就相當於說「在中國搞革命」的意思。中國政府的理解，就是你們對中國的有錢人說：「富裕的人們啊！團結起來，推翻使中國人受窮的共產黨政府。」也就是中國政府認為你們是要企圖改變中國的政權，中國現在正希望「趕緊消滅宣傳佛陀再誕的組織吧！日本的佛教組織實在是沒有用，那麼多宗派全都坐視不管保持沉默」。

被認為「有能力顛覆中國政府」的幸福科學

矢內：他們現在感覺到「就如同天神降臨世間，命令中國共產黨進行變革」。

孫文：唔～我因為同時站在雙方的立場上，有些不太好說話。我娶了日本人為妻，所以無法完全與日本人為敵。

日本也幫了我很多忙，沒有日本人的幫助，就沒有中國的辛亥革命。所以說，日本曾經侵略過中國，也曾經幫助過中國，我的立場很複雜，很為難。

然而，如果說「新的神明降臨到日本」的話，這件事非同小可，這有可能會扭轉中國戰後敵視日本、抗日、反日的政策，後果很嚴重。

可能的話，中國希望日本能夠以自己的力量摧毀幸福科學，或者幸福科學在國外被當作邪教鎮壓，但是這種事態在哪個國家都沒有發生。

所以現在只看中國能不能像對待法輪功那樣去鎮壓幸福科學了。關於法輪功，中國以外的國家沒有多大的關注，沒有一個政府會被那般團體給推翻，那般的氣功團體是不可能打倒政府的，所以沒有一個國家會有所防備。但是像幸福科學這種對於政治、經濟、軍事、外交都表達意見的全能宗教，的確是很可怕。

總之，他們想搞明白「大川隆法的本質究竟如何？」這一點也是令習近平恐懼的問題。習近平想要在二〇二〇年前達成他的野心，他對幸福科學實力的推估，比你們自己想像的還要高。也就是說，他們認為「幸福科學在實質上控制了日本的政府和媒體」。

幸福科學究竟能不能成為「中國的救世主」

孫文：但是，我畢竟是中國人。

矢內：是。（笑）

孫文：我在日本生活過，會說日語，也能看懂日文書。所以從某種層面上講，我一半是日本人，並且我是基督徒，你們的書我明白，你們的想法我也理解。當今中國所賴以成立的思想中，確實有一部分是錯誤的，這也是事實。經濟已經自由化了，接著就是政治的自由化，這一點也明白。

現在，每年仍有數以萬計的暴動發生，如果這發展成有組織的革命運動後，卻採取了錯誤的方式、方法的話，就會造成大量傷亡。辛亥革命的教訓就非常慘重，剛才大川總裁也提到了黃興的話題。

中國人口眾多，所以人命不值錢。「死了一個人」就如同死了一隻寵物一般，中國人口就是這麼多。

如果真的能夠減少三億人口的話，糧食問題也能得到解決，中國人口就是這麼過剩。但若是內亂中死這麼多人，後果也太慘烈了。因此，「最應當要警戒的就是幸福科學」，你們到底是會變成中國的救世主？還是變成革命領導者，在中國到處興起內亂、造成大量死傷？這一點需要用時間來證明。

如果可能造成大量死傷，你們就應當換成更加和平的方式。如果日本想要準備核武對中國攻擊的話，你們又該如何處理其中關係，這也需要深思熟慮。但是，你們現在能自由採取各種影響中國的方法，從某種意義上講，這是非常可怕的。

矢內：為了推動中國的民主化，保護包括日本在內的亞洲的自由和民主，如今我們能做到的就是「努力弘揚大川隆法總裁的教義，透過教義制定幸福實現黨的政策，並堅持將其傳播至全日本和全世界」。我感覺這是孫文先生所教導我們：「是對日本、中國，乃至全世界所做的最大貢獻。」

孫文：你們面臨的下一個問題，就是在國會議員選舉中不斷落選，這也是日本政府的「使命」。如此一來，中國也很難發生革命。你們是否能打破這種局面？現在幸福實現黨的力量還很微弱。怎麼樣，能夠堅持下去嗎？

矢內：我們會努力的。

孫文：若能長期堅持的話，一定可以將思想滲透下去。所以你們的敵對勢力，正在暗自盼望你們出現資金困難。

「作為思想戰的靈性革命」已經開始

矢內：孫文先生辭世時，曾經說過「革命尚未成功，同志仍需努力」。

孫文：所以說，思想層面的革命實際上已經開始了。

換句話說，思想要先行，思想之後便是執行部隊進行艱苦戰鬥了。戰鬥中會有許多犧牲，最後是藉由帶來資金的勢力來完成革命。

在政治方面，你們還處於滯後狀態，但在思想戰方面，你們早已經開始了「靈性革命」。靈性革命，已經興起了，這場靈性革命的開始，宣告了中國共產黨在表面上的思想依據——馬克思列寧主義的立場已經瓦解了；中國是一個「基於虛無」成立的國家。

你們這次收錄「孫文的靈言」，對中國而言，是一件既可喜、又不可喜的事情。推出孫文，並且公佈出「孫文相信神，也相信確有來世，並且正在協助幸福科學」的話，那就相當於分裂中國人民。當局要對大川隆法下手可能有點困難，所以他們的目標很可能是「先抓住幸福科學出版社的社長」。（面向佐藤）你最好趕快聘請一個會講中文的人派去做代理。

所以說，現在中國很想要鎮壓幸福科學，卻又因為恐懼而無從下手。如今，幸福科學已經傳遍了世界各地，因而無法隱藏。為此，中國也連連受到攻擊。譬如，現在西藏正在鬧獨立；辛亥革命今年是一百週年，而西藏則是宣稱「今年是被中國佔領五十週年」，並進行著許多活動。

達賴喇嘛謊稱已經隱退，其實還在秘密活動，那是對你們抱有期待啊！他們認為「以宣傳『佛陀再誕』之名作戰，有獲勝的可能」，因此對你們抱有期待。相信不久西藏就會來聯繫你們，拜託你們「不要光在尼泊爾傳教，西藏也是佛教國家，請幫我們收復國家吧」！

這下真的很麻煩，你們的存在就是一個麻煩。中國本來想佔領尼泊爾，想利用尼泊爾的毛澤東派，從根本上佔領尼泊爾。因此，你們的出現是一種威脅。

總之，幸福科學在尼泊爾的信徒不斷增加，所以中國若是侵略尼泊爾，也相當於侵略著日本的一部分，也意味著「與印度為敵」。尼泊爾之於印度，正如北朝鮮之於中國。

中國非常想佔領尼泊爾，佔領尼泊爾，就佔據了進攻印度的入口，所以中國非常非常想要尼泊爾。但是由於幸福科學的介入，他們感覺到很危險。

大川總裁曾在講演中說過，「萬一尼泊爾發生什麼事態，日本將會援助」。這段講演在尼泊爾的電視臺轉播了，所以中國政府就變得緊張了。

簡而言之，他們認為「日本的自衛隊將前來援助」，甚至認為「一如西藏事件發生是一樣，一旦中國攻入尼泊爾的話，日本的自衛隊就將前來援助。並且，日本還可能和美國聯合出擊」。

總之，他們認為是「幸福科學在幕後牽引著日本政權」。

此外，他們還擔心「幸福科學對日本防衛省和自衛隊的傳道工作，做得很徹底了。在幸福實現黨的候選人中，就有很多人是來自自衛隊。幸福科學的洗腦工作，是不是已經進入了最核心部分？」為此，他們認為「如此事態甚是恐怖」。

「如今防衛省的沖繩防衛局長也出了問題（注），這個人是大川隆法的同學。」連這個事實中國政府都已經掌握了。

他們認定了「幸福實現黨的運動和沖繩問題的解決也有很大關係」，甚至認為「幸福科學和許多問題之間都有關聯。幸福實現黨其實是將自民黨和民主黨分別放在天平上，自己在幕後操作的可能性非常高；這已經進入了危險領域」。現在我也不知道自己是什麼立場了。（苦笑）既是中國人，又是日本人，我自己都覺得有點奇怪，真是抱歉啊！

矢內：謝謝您！我們一定在孫文先生的指導下，完成革命。

孫文：最令我為難的，就是你們將我稱作是「光明天使」，這點最令我困擾。中國是承認孫文的，但並不承認宗教。可是，光明天使就說明「有另一個世界，並且有天使」。當然，我本身是基督徒，這與天使並不矛盾。如果有人相信的話，就很有可能將基督教勢力也劃入你們的盟友之中。不過，我實際就是天使，也應該被劃分為天使。在中國人看來，天使一詞聽上去有些奇怪，但我就是天使。

矢內：謝謝您！接下來請容我們換一個提問者。

孫文：嗯。

（注）二〇一一年二月沖繩宜野灣市進行市長選舉時，真布朗防衛省沖繩防衛局長呼籲部下職員「勿棄權、要投票」。

四、中國和臺灣的「國父」孫文的本心

目前，習近平正在考察軍隊和共產黨幹部的忠誠度

山下：我是雜誌《The Liberty》編輯部的山下；我負責華人圈的採訪。

孫文：嗯～～

山下：剛才提到了「光明天使」的話題，去年五月份在香港巡錫的時候，大川總裁提到：「孫文是八次元如來界的存在，現在正在為這個世界投射光芒。」並且，他很關注臺灣、香港、北京和上海等地區。

以此為前提，我想請教一下孫文先生對世間的哪些人進行著指導呢？

孫文：這可不好說。一旦說出來，被提名的人就會遭到殘殺，這很危險。不能說，說了的話，就有人被滅口；中國就是這樣一個國家。我是在考慮指導一些人，但現在不能說。目前，習近平正在考察軍隊幹部和共產黨幹部是否對自己完全盡忠。因此，對於軍隊幹部和共產黨幹部而言，今年正是考察的年度。習近平正在觀察「在我當了主席以後，這些人會不會對我完全盡忠，會不會完全聽命於我」。並且，觀察哪些人是毫不猶豫，哪些還在猶豫不決。對於那些猶豫不決的人，或者是排擠，或者是肅清。

在這個意義上說，他已經開始使用強權了。

因此，我現在還不能公開「我到底在支持誰」，因為一說出來，他就可能被滅口了。在這個部分還比較微妙。

孫文的本意是「讓國民黨政府統治中國」

孫文：好吧，我就把真心話講出來吧！

當今中華人民共和國將我稱作國父，是希望假借「我們是一個國家」的理由來吸收臺灣。換句話說，將我稱作國父可以幫助他們扭轉局面。

但我的本意是，正統的蔣介石政府在內戰中失利而被趕到了臺灣，這本來就是不對的，還是應該讓得我真傳的國民黨政府來統治中國。從這個意義上講，中國應當由國民黨政府來執政，應當基於三民主義來建立國家。如此一來，就不會出現毛澤東時代的黑暗統治，也不會有四人幫橫行的時代。鄧小平時代在自由化改革的同時，也進行過許多軍事鎮壓、國內鎮壓。在他之後，也有眾多此類現象。這些事情本來不該發生，與日本的關係也應當更好。

如今，美國可謂是世界霸主，但我認為應當由日本擔任世界領袖，或者至少是東洋的盟主；日本應當成為東方的領袖。我還在世的時代，中國有四億人，而日本也只有五、六千萬人。在數十年以前，日本僅有區區二、三千萬人，卻能夠在明治維新之後，用三十年的時間趕上，並超過歐美。

此外，簽訂華盛頓條約（一九二二年，在華盛頓會議上締結的海軍削減條約）之時，從軍艦數量上來看，或許是英國或美國佔優勢。但當時，日本已經有實力與世界五大強國相互抗衡。正如剛才總裁所言，我生前曾經說過「日本擁有十日消滅中國的實力」。只在短期內，日本竟然能夠變成如此強國，這證明了明治維新確實是非常偉大的變革。

如此明治維新之後的文明開化，我也想讓中國走上類似的道路。現在，中華民國內戰失敗去了臺灣，但仍被看成是中國的一部分。進入日本時，也是以「中國人」的身份入境，但我真正希望的，還是「由中華民國來統一中國」，基於三民主義來建立國家。於是，至少我會被稱為「中國的林肯」吧！(笑)

中國人應當多學習日本人的睿智

孫文：我很尊敬日本，生前也與許多日本人有過交流。中日之間雖然發生了戰爭，但日本人的想法並沒有那麼狹隘，他們具有遠見卓識，能夠支持中國的革命家。

日本進攻中國內陸，這並非是我所希望看到的。但我還是反對「聯美抗日」，因為我認為讓美國向日本投下原子彈，而導致日本的戰敗，但日本戰敗對於東洋地區是不利的，其理由是能夠保護東洋地區抵禦歐洲侵略的，只有日本。

中國的國土面積大，GDP也可能超過了日本。但是十三億人一起工作，只能與一億人的國家相抗衡，這說明日本無疑是一個發達國家，很難戰勝。

就算是中國南部的上海及周邊發達地區，工資也僅是日本平均收入的一半。從這一點來看，日本依然是名列前茅，隱藏著無限的智慧。因此，日本有許多值得中國學習的地方。日本人都在學習中國的歷史，對於四書五經的世界，或者說中國的古典作品，日本人也比中國人學得更認真，理解得更透徹。譬如中國的《三國志》，日本人就很愛閱讀。《三國志》中的登場人物超過了三千人，可是許多日本人卻能對此如數家珍。

反之，若問中國人有誰知道「源平之戰中的交戰雙方是誰」，恐怕沒有人知道。或者說，他們對此是一無所知。如果再問「之前情況如何？大和朝廷的時代、壬申之亂中，又是誰和誰打仗」，「南北朝之戰是怎麼回事」，就更沒人知道了。

豐臣秀吉出兵朝鮮的史實，可能還有些瞭解。可是，對於織田信長、豐臣秀吉、德川家康等「戰國時代開始的日本統一歷史」，中國人幾乎是一無所知。中國人不學習日本的歷史，而日本人卻熟知中國的歷史，此處的差別很大。

我認為中國應當加強對日本的研究；日本在明治維新之後，短時間內就追上了歐美，這意味著日本在此之前就具有相當的潛力。總之，中國人應該多學習日本人的勤勉、不屈精神和道德品質。

雖說日本人沒有宗教觀，但遭受地震時，日本人卻能如此忍耐，沒有暴動，只是默默工作。看到日本人的這種姿態，可以認為是「在某種程度上，日本人的道德意識已經高到了不需要宗教」。如果遭遇那種大地震，不管是美國或是中國，都一定會發生暴動，或者是搶掠現象，可能還有人會放火、趁火打劫。雖然地震是發生在東北地區，但若在東京附近發生燒殺搶掠、哄搶商場的事情也不足為奇。然而，日本沒有發生一起類似的事件。

此外，有許多針對東京電力、反對核電的運動。但是，類似「遊行隊伍闖進東京電力公司」的情形，一例也沒有過。因此，我認為「這個國家的國民還是很厲害」，繼美國之後，能夠成為世界典範的國家只有日本。總之，我希望日本儘快恢復實力，從東洋領袖變成為世界領袖。

中國還有許多落後之處，只不過，對外展示的盡是光鮮之處。建成了新幹線，但很快便出現事故，最後還竟然將出事的列車埋起來了。中國就是這樣的國家，並且，還沒有基本的人權思想。國家並不明白人權的意義，只將國家的面子置於最高。在這個意義上說，中國還沒有發展到美國歷史中林肯的時代。為了政府的利益，國民要做出很多犧牲。

幸福科學的思想會成為「重建中國的關鍵」

孫文：就我而言，希望中國儘量不要經歷戰爭，而是透過和平的方式，去建立一個「如果孫文做為第一任總統能夠長期任職、統治的國家」。此外，臺灣的選舉也很不順利。假如能讓李登輝那樣的人來統治中國的話，日、美、中之間的關係就會更順暢；這是一件好事。

當今中國的年輕菁英很多人都去過美國留學，因此國家一定會有變化。在下一代人身上，國家將發生大變化。雖然現在他們還沒有成為領導，但這種時代很快就將來臨了，時代一定會發生變化。

日本人也不要太絕望，希望你們能繼續支持中國的改革進步。

我願意相信幸福科學的善意，幸福科學絕非是「想要殺光十三億中國人」的宗教。大川總裁也曾多次提到中國的古典，並且尊重中國的光明天使、光明指導靈的教義，承認中國的長處。他主張善惡分明，懂得「要取中國之所長」。

大川隆法總裁並沒有一邊地偏向美國吧？幸福科學中幾乎沒有出現過美國光明天使的靈言，反倒是有許多中國的光明天使吧！我相信幸福科學抱持著公平的觀點。在某種意義上，幸福科學的思想是重建中國的關鍵思想。

因此，從臺灣、香港等地開始傳播，再漸漸進入中國大陸的上海等富裕地區比較好。雖然不知道要花多長時間才能打進北京，但我是希望「儘量不要在中國引起內戰，而是興起一種豐富國民思想的運動，使中國就像明治維新之後的日本那樣逐漸發展起來」。

五、孫文的過去世與對未來的期望

做為「兩個孫子之一」的孫臏出生

佐藤：剛才提到了「光明天使」的話題，那麼孫文先生您本人過去經歷了怎樣的轉世呢？此外，您和主愛爾康大靈之間有沒有什麼佛緣呢？請您在適當範圍內，為我們講述一下這段經歷吧！

孫文：我就知道你肯定會問這方面的問題。（會場傳出笑聲）

我該怎麼說呢？作為中國的國父，如果表達方式不當的話，會有不太好的影響。譬如說中國的國父曾經降生在很奇怪的地方，這不太合適吧？合適嗎？

佐藤：您在適當範圍內講述即可。

孫文：這不太好吧！我總覺得不太合適。說多少才合適呢？你聽說過孫子兵法嗎？

佐藤：聽說過。

孫文：那你知道孫子其實是兩個人嗎？

佐藤：是孫武和孫臏吧？

孫文：對的，就是孫武和孫臏兩人。

孫武是吳國之人，孫臏則是膝蓋以下都被斬去的殘疾人士。雖然身體殘缺，他卻作為軍師進行復仇，並且領導了戰爭。究竟哪個是真正的孫子，大家似乎並不知道。其中有一人轉生為彼得杜拉克，另一個人轉生為孫文。那麼你來猜一下，轉生為孫文的人是誰？

佐藤：是孫臏吧？

孫文：對，是孫臏。

膝蓋以下全被斬去後變成了殘疾人，但他卻能最終贏得戰爭。並且，還寫下了著名的《孫臏兵法》。

佐藤：是這樣啊！

孫文：我是兵法家，因為在過去世有過身體殘缺的經驗，所以這次我選擇了醫生的職業。而孫武作為彼得杜拉克，轉生到了美國。當然，繼孫臏之後中間也有過幾次轉世，這些要不要講呢？怎麼辦呢？還是算了吧！

佐藤：請您講吧！

曾轉世為基督教的宗教改革者

孫文：什麼？這或許不太合適啊！但還是說吧！說多少才合適呢？還是不大合適！怎麼辦呢？好吧，雖然是不太合適，可剛才也談及了我生前是基督教徒的事情。坦白說，在基督教的歷史上，我也出現過一次。

佐藤：是嗎？

孫文：嗯。在基督教的歷史上，現身過一次。所以就這個意義而言，還是有關係的，在基督教歷史上起到了一些革命性的作用。

佐藤：是革命家嗎？

孫文：但不是路德。

矢內：那是在天主教和新教相競爭的時代嗎？

孫文：哈哈，接近了。雖不是路德，但也是基督教的改革運動中出現過的人物。

矢內：是新教嗎？還是天主教？

孫文：新教。

佐藤：是加爾文嗎？

孫文：嗯？

佐藤：是加爾文嗎？

孫文：加爾文可是一位名人，不對吧！對嗎？我也不知道，不太清楚。不過總覺得跟歐洲有淵源。

佐藤：是嗎？

孫文：孫文就是孫文，也是中國的國父。

佐藤：是啊！

孫文：我們就到此為止吧！說多了也不合適。

佐藤：好的，明白了。

孫文：中國和歐洲曾經交戰過，或者說中國曾被迫淪為歐洲的殖民地。為了將歐洲列強驅走，中國曾經備受煎熬，這就是民族主義。所以說，「提倡民族主義之人，原來是歐洲人」，這種話說出來不太合適，因此，還是點到為止吧！

佐藤：明白了。謝謝您！

孫文：好。

捐贈《佛陀再誕》和《太陽之法》給中國的寺廟

佐藤：您今天的談話非常寶貴，我們也明白了「幸福科學是被中國政府當成了很大的威脅」。

不過，我們只想要和平地透過佛法真理，超越宗教的壁壘、人種和膚色的差異、語言的障礙等，建立一個人類大團結的和平世界，一個烏托邦世界。

因此，今後我們還將繼續努力，也請孫文先生繼續指導我們幸福科學的工作。

孫文：你們應當把《佛陀再誕》和《太陽之法》的中文譯本，投送到中國的寺廟。

（會場傳出笑聲）

佐藤：是嗎？

孫文：要把書多多地送到寺廟裡，贈書的對象是中國寺廟。

佐藤：是的，謝謝您！

孫文：不要搞錯了。

佐藤：好的。

孫文：到寺廟參觀時，順便將書留在寺裡。懂了嗎？我是不是說得有些多餘了？

佐藤：今天談話的時間很長，非常感謝您！

孫文：好的。

大川隆法：（拍手一次）

若按照孫文的思想發展，中國亦將能創造「和平時代」

大川隆法：以上即是孫文的靈言。

其中有許多言論，讓人感到不知是中國人還是日本人，方向有些搖擺不定。革命雖然成功了，但是也有些方面未能如願。

佐藤：是，看上去是這樣。

大川隆法：就是有這種感覺。總之，內戰的失利有點失敗。

佐藤：是。

大川隆法：就在這個方面，所以跟日本政府也有關係，問題可能就出在與蔣介石對立的近衛〔近衛文麿（ㄇㄛˇ）〕身上吧！

佐藤：原來如此。

大川隆法：最終，民國政府被美軍所牽制，因而導致了內戰失利。國民黨本來就有這個計畫，結果卻反倒輸在了此處，這也是因為當時太貪心。總之，中國若能夠按照孫文的思想發展，將會更加順利，甚至還可能創造一個和平時代。

佐藤：是的。

大川隆法：希望這次的靈言能夠有所助益。

佐藤：我們將充分利用這次機會。非常感謝您！

大川隆法：好的。

第四章　後記

此章是留下「革命尚未成功」的心念而離開世間的孫文，從靈界（八次元如來界）傳遞而來的靈性話語。

孫文真的希望基於三民主義的革命能夠成就。

必且希望各位知道，孫文盼望中國政府了解到自己是基督教徒，既相信神也相信來世、靈魂，並且他批判馬克斯的階級鬥爭，希望能夠實現神之下的平等。

若是孫文，就不會像毛澤東政府一樣，將中國經濟的發展落後或動亂，都怪罪給日本，反倒應該會說「應該要學習日本人的勤勉」。否定神的存在，並且只為了賺錢而奔走之人被稱為「工作狂」（Economic Animal）。這個過去日本被取的外號，希望中國不要也被取了如此外號。

二〇一二年　三月一日　幸福科學集團創始人兼總裁　大川隆法

第五章　佛國土烏托邦之實現——
歐巴馬政權的誕生使亞洲瀕臨戰爭的危機

二〇〇八年十一月九日　於台灣幸福科學台北支部精舍收錄

一、如何看待臺灣問題

僅憑心的教義無法解決國家的問題

本章將就「佛國土烏托邦之實現」這一主題進行闡述。

在一九九〇年代，當時的臺灣總統李登輝與日本的知名作家司馬遼太郎，曾進行過一次對談。對談的主題是關於「生為臺灣人的悲哀」。

在去年（二〇〇八年）的秋季，我有幸到臺灣進行說法，便一直在思索這件事。的確，生於臺灣的各位在過去的歷史當中，曾經歷了各種苦難、困難。

我來此之前，曾讀過幾十本有關於臺灣的書籍，也看了一些DVD。從中我發現到對於臺灣來說，最重大的課題就是「到底國家是什麼？」在臺灣，到底應該如何定義「國家」？國家應該是什麼樣子？這是最為重大的課題。

幸福科學的中心教義是，「要各位磨練己心，之後再改變世間」。如此想法，與距今二千五百年前的中國偉大思想家孔子的思想是共通的。儒家教義也認為「首先須自我磨練，之後才是齊家，再來方是使社會安和，使國家富足」。

然而，問題是現今的臺灣遭受到各國的壓力，過去又曾歷過戰爭。在這樣的狀態下，「僅憑個人的努力，到底能否打開前方之路、建設烏托邦世界」即是一個課題了。

這就好比在第二次大戰時，在納粹德國被迫害的猶太人問題。無關善惡，就僅因為他們是猶太人，便將遭到迫害。能逃到英國、美國的人尚能存活，剩下的人將全部被殺害。

如此情形，難道會僅是個人之心的問題嗎？還是應該去努力改變這個國家、或者是社會的制度吧。

對於臺灣而言，我覺得這是一個很深刻的課題。在各位責任的不及之處，存在著一個巨大的問題。

歷史上，臺灣的歸屬權並不明確

我調查了一下臺灣過去四百多年的歷史，發現很難去分辨「臺灣到底原本隸屬於哪個國家」。

臺灣曾是荷蘭的殖民地，又曾屬於中國明清時代的領土。此外，還被日本倭寇等海盜佔領過。總之，臺灣有著一段「不知是屬於哪個國家」的歷史。

在過去的五十年間（即一八九五～一九四五），臺灣曾是日本的殖民地。對於這段殖民時期的歷史，我也從各種角度進行過學習。

從明治、大正時期到昭和時期，日本曾將當時的超一流人才送到了臺灣。那時的臺灣總督府裡，無疑都是日本最優秀的人才。

這些人的名字，許多都是日本人所熟知的。譬如說，兒玉源太郎，乃木希典，或者是著有《武士道》，舊日幣的五千元紙鈔上所印的新渡戶稻造，還有曾任東京市長、制定過東京都市計畫的後藤新平等等。這些日本的傑出成員，都紛紛來到了臺灣。

他們都是能夠勝任總理大臣的人才。如此優秀的人物都來到了臺灣，這足以表明當時的日本人對臺灣是盡了相當大的氣力。

日本國內都還沒有下水道的時候，就開始為臺灣建造下水道和水庫了。而且，在學校教育方面也相當完善，其程度甚至和日本不分上下。

從這些事實來看，我認為日本的前輩們是做了很大貢獻的。

就文化問題而言，是日本的文化率先進入了臺灣。之後，國民黨從中國本土逃到了臺灣。因此，這部分便成了如今「中國與臺灣到底是不同的國家，還是同一個國家」的根源性問題上出現爭執的原因。

在蔣介石的國民黨政府統治下的臺灣

日本在第二次世界大戰中招降於聯合國，被迫放棄了所有的殖民地。然而，日本在放棄殖民地的時候，並沒有明說要將臺灣交給哪一個國家。戰後，中國大陸爆發了內戰——「毛澤東率領的共產黨」對戰「蔣介石率領的國民黨」。在國共之戰中，共產黨勝出，國民黨被迫轉移至臺灣。自此，臺灣就進入了以蔣介石為首的國民黨的統治。

之後，於一九四七年二月二十八日，臺灣發生了「二二八事件」。當時臺灣的知識份子有近兩萬人，都被國民黨軍給殺害了。那是一件相當悲慘的血腥事件。只要是知識份子皆被殺害，的確在這種狀態下是比較容易統治。

從往後的歷史上來看，以蔣介石為首的國民黨所創立的「中華民國」，從國家的定義上至今尚有留存。並且，在那個中華民國的版圖、領土範圍內，其實還包含著北京政府所主張的範圍。中國大陸、內蒙古自治區、新疆維吾爾自治區、西藏自治區等，這些全在中華民國的範圍內。

如上所述，領土範圍是完全重疊的。這就意味著兩個國家同時存在，所以說這實在是難解的問題。

只是，若單看臺灣的話，「臺灣作為一個國家能否被世界所承認？能否被承認是與中國脫離的國家？」這倒是非常值得討論的問題。

然而，中國大陸始終主張「絕不可能允許臺灣擁有與中國大陸完全相同的勢力範圍。這種意義上的一國兩制是絕不可能的」。

「毛澤東」對戰「蔣介石」的結果，導致了大陸與臺灣的分離。但就現實來看，絕不允許「在相同領土下存在兩個國家」。

現在問題就在於，毛澤東所創立的中共建立了以馬列主義為中心的無神論、唯物論國家。而蔣介石是飽讀《聖經》的人，所以就人格來說，他不同於毛澤東。

中國政府堅決不承認臺灣是一個國家

中國在共產黨的統治下，停滯了二十多年。在一九七二年與美國建立邦交後，重心逐漸往西方傾斜了。於此同時，日本也和北京政府樹立了邦交。

那時北京政府向美日施加壓力，要求「和臺灣斷交」。時為一九七〇年代，美日了接受這個要求，進而與中華民國斷交了。

這對臺灣人來說，仿佛是突然陷入了被拋棄的狀態。臺灣人遭到了非常大的打擊。

的確，從領土大小、人口多寡來看，在考慮利害關係後「取大捨小」，或許是理所應當的。然而，至今一直有邦交的國家，突然單方面提出斷交，到底是不是件好事，就是個問題了。

如今，世界上有二十三個國家承認了「臺灣是一個國家」。可是，臺灣自一九七一年脫離了聯合國之後，就沒能再回去了。

這個「兩岸問題」的最近動向，也已成了媒體的熱門話題。二〇〇八年的十一月，中國代表陳雲林訪台時，與馬英九總統進行了會談。陳雲林提出「希望臺灣將定期班機，由一週一班改為每天都飛。並且，希望能減免海運貿易的稅金，進而加深兩岸之間的交流」。對此，臺灣出現了抗議人士。幾百人的抗議民眾，將中方的代表困在酒店進退不得。這事被報導之後，廣為世界所知。

我認為這其中隱含著相當難解的問題。

而且，在雙方會談期間，中方代表始終沒有稱呼馬總統為「總統」。然而，臺灣的總統，相當於美國的大統領（President）。總之，他們始終是貫徹了「不承認臺灣是個國家」的立場。

在這種狀態下，「臺灣到底是不是一個國家」的問題，至今未有定數。「自己到底是哪國人」，也始終沒有明確答案。

雖然臺灣在經濟上非常繁榮，但政治上卻始終沒有立場。這不僅讓臺灣的政治家沒有自信，同時讓住在臺灣的人們也沒法展現自信。

二、歐巴馬總統的誕生將如何改變世界

美國要放棄「世界警察」的身份了

在二〇〇八年的美國總統選舉中，非裔黑人的巴拉克歐巴馬當選了。對此，臺灣總統也送上了賀電。

不過，我認為還必須認真地考慮「這個美國政局的變動，將會給臺灣、日本帶來何種影響」。

先從結論上來說，「美國歐巴馬政權的誕生」，對臺灣來說，並非是一件值得高興的事。

於一九九六年，中國在臺灣海峽進行導彈演習時，美國派出了兩艘航空母艦，讓中國停止了那樣的軍事威嚇。但我認為現今歐巴馬的想法，是不太會採取任何軍事行動的。

此外，現在美國正陷入經濟危機。就我來看，美國會儘量地削減軍事預算，將視

野僅放在美國國內。今後，將是只要維持自己國家的和平就好。

這代表著什麼意思呢？這代表著「美國可能會放棄，作為世界警察的使命」。「民主主義的本家美國，誕生了黑人的總統」，這看起來是民主主義發揮到了極致。但從某種意義上說，今後美國要放棄「做世界領導」的可能性也相當地高。

總之，在歐巴馬政權時代，美國會把焦點全部放在國內問題上。就算國外發生再多紛爭，歐巴馬也很可能會說「該地區的問題該地區自己解決吧」，並以此坐視不管。

歐巴馬守護靈的意見(1)

「想要與購買美國產品的中國大陸發展密切關係」

在美國總統選舉結束後不久，我就招來了歐巴馬總統的守護靈，和我對話。我直接用英文問他「到底如何看待臺灣問題？」因為問得比較快，所以我的提問也較為單純。我就直接問道「假如中台之間爆發戰爭的話，美國願意為保護臺灣而戰嗎？」歐巴馬守護靈的回答是「NO！我沒有這個打算」。他的意見是「中國和臺灣互相談好就行了。這基本上和美國沒關係」。這亦可視作為歐巴馬的基本想法。

不僅如此，根據他的守護靈所言，「美國現在很想與中國進行更密切的交流」。美國現在陷入了經濟危機，為了找到可以購買自家產品的國家，擁有十三億人口的中國無疑是最佳人選。因此，美國很想與中國發展更密切的關係。日後，中美之間的關係也必將更加緊密。

歐巴馬守護靈的意見(2)

「亞洲的問題應該在亞洲解決」

歐巴馬的守護靈似乎不怎麼關心臺灣問題，我就順便再問了一句「對於日本，你是怎麼想的呢？你是喜歡日本，還是討厭日本？」

在靈界沒有隱瞞，守護靈是不會說謊的，所以會完全地說實話。

如果問歐巴馬本人，他當然會講場面話「今後會與日本保持良好關係」。事實上，歐巴馬確實在總統選舉過後，打過電話給日本的麻生總理說「希望就共同課題，強化美日之間的同盟關係」。但我詢問他的守護靈時，他很明確地說「我討厭日本」。

歐巴馬之所以討厭日本，似乎跟他出生在夏威夷很有關係。他的守護靈講述道「日本曾空襲過夏威夷的珍珠港。因此，我有過一段非常厭惡的回憶。在我看來，日本只是個非常狡猾的國家」。

他的守護靈還用英文「**sneak attack**」來形容日本是「偷襲珍珠港」。總之，他認為「日本這種狡詐的國家是不可信任的」。

順便提一句，據說歐巴馬在夏威夷出生後，還曾在印尼生活過。之後，返回到了美國本土。

不管從哪個角度看，都可以預料到「在歐巴馬執政的時期，日本和臺灣的形勢將較為嚴峻」。

歐巴馬守護靈的想法，基本上如下所示：

「對於亞洲的問題，要在亞洲內部解決。要談判、或打仗，也請你們自便。我只想處理美國國內的事情。美國有許多不公平現象。譬如說黑人與白人的差距、貧富差距、職業差距、教育差距等，我想要改善這些情況。此外，我也想要搞好美國的經濟」。

總之，他的重心都放在了美國國內的問題上。他認為「亞洲的事亞洲自己解決。有中國那樣的大國在那邊，各位自己去和它談好了」。

此外，我也問了歐巴馬的守護靈「如何看待北韓問題」。

在歐巴馬眼裡，北韓是一個遙遠世界的問題。他主張「北韓問題，就看中國怎麼處理了。他們自己互相講好就行」。

從結論來說，他認為「臺灣和日本，都應該自己決定本國的未來。今後，若想要依靠美國，就不太可能了」。

歐巴馬守護靈的意見(3)

「我若被暗殺的話，將留名青史兩千年」

下面將接著講述歐巴馬守護靈的心聲。

我又問他「那你作為首次當選的黑人總統，今後有什麼打算嗎？」他的守護靈則回答道「我被暗殺的可能性有百分之八十」。

歐巴馬所尊敬的人中，有林肯總統、甘迺迪總統、馬丁路德金牧師等等，被暗殺的人占多數。這位被稱為「黑人甘迺迪」的歐巴馬，或許打從心底希望自己被暗殺。

此外，他的守護靈也講了如此內容：「雖然僅憑在美國歷史上首次當選的黑人總統身份，就足以留名青史了。但如果還能被暗殺的話，名聲就會更長遠。偉人幾乎都是被暗殺的。要是作為黑人總統被暗殺，名字豈不能留傳兩千年？」由此可以看出，他本人是希望被暗殺。

這聽起來雖感到很不負責任，但可以發現他想要在歷史留名，遠比想要在世間留下偉業，還要來得關心。

我想他今後推動的政策，恐怕會與前朝的共和黨政權完全相反。

三、牽制臺灣和日本的國際局勢

日本再發生政權交替將會如何？

另外，日本也有自民黨和民主黨兩大政黨。現在正迫近選舉之時，「今後日本政局是否會變化」，已成為了爭論的焦點。根據輿論調查的結果顯示，還是「民主黨獲得了較高的支持率」。要是民主黨取得政權，有可能採取偏北韓、中國的左翼想法。也就是說，今後日本將變得難以採取軍事行動，而和現今的麻生政權採取不同的路線。

以上即是牽制臺灣和日本的國際情勢中，預料會發生的事態。

在此，我有一事要拜託各位。住在臺灣的各位，在某種意義上，像是東方的猶太人一般，品嘗著不知生於何國的苦楚。但我希望各位能更有自信，該主張的就要主張的、該說的就要好好地說。

關於臺灣局勢不定的問題，有些人認為是「因為政治家不夠優秀」，但我卻不這麼認為。臺灣也有許多優秀的政治家。只不過，整體的國民意識，沉浸在了一種氛圍，即「看不見未來，所以不知該怎麼做才好」。

中國的「霸權主義」可能會引發亞洲的戰爭

縱觀當今的亞洲局勢，我很擔心「在二十一世紀前葉，亞洲範圍內是否會興起大戰爭」。

在二十一世紀前葉，最應該戒備的就是「中國會像過去的日本一般，想要以霸權主義君臨亞洲各國」。這很有可能會引發日後的戰爭。

雖然身處宗教家的立場，但為了避免如此事態的發生，我一定盡最大努力。該做的就做，應該做到哪就做到哪。

與其傾力推進霸權主義，我覺得中國倒不如去努力提升國內的形勢。再說得明確一點，希望中國能夠再去探究「到底何謂民主主義」。

另一方面，民主主義和自由主義已於臺灣紮根，希望臺灣能維護好這部分。不可走回頭路，變得像共產主義社會那樣，人們都不相信宗教、不再努力工作了。絕不可退步到那種時代。

在中國與臺灣的關係上，雖然看起來臺灣是一直被中國要求。但在二戰結束後，共產主義走到了盡頭。其結果就是北京政府統治下的中國大陸，已開始出現了「臺灣化現象」。

儘管都是中國人，但對照兩岸形勢，可以發現臺灣在經濟上非常繁榮，而中共統治下的十幾億中國人還極度地貧窮。臺灣也住著許多漢人，所以就民族來說，其實沒那麼大差異。但就經濟形勢來看，臺灣是繁榮的，中國是不繁榮的。

這意味著「就算是相同的民族，但政治制度不同的話，也必將導致國家迥異」。於是，中國的南方地區率先受到了臺灣的影響，察覺到「必須要近代化」。因此，中國大陸也慢慢出現了「臺灣化現象」。

在某種意義上，中國大陸已承認錯誤了，只是這種改變還只停留在經濟層面。「在超越經濟層面的政治、哲學等問題上，國家是否要跟著改變」，這就是當今中國面臨的最大問題了。

四、以真正的民主主義為目標

「信教自由」是民主主義的基礎

我的書籍，在臺灣出了譯本，在中國大陸也開始有出版了。不管如何，幸福科學的思想能夠滲透至中國大陸是一件好事

在二〇〇八年，我的書籍《常勝思考》曾以北京的書店為中心發行過，而且是非常暢銷。幸福科學的思想能在中國得以散佈，其意義是相當重大。

如上所述，在中國大陸地區，如今也正在透過書籍普及真理。

現今中國也僅有五個代表性的宗教（即佛教、道教、伊斯蘭教、天主教和基督教），並且必須在國家的監視下舉辦活動。但目前幸福科學的書籍能在中國出版，

我想今後幸福科學也會被漸漸認同。當然，要在中國大陸開展宗教活動，還需要一些時日。但至少在思想層面上，幸福科學的教義已經打進了中國大陸。

幸福科學的思想在全中國廣泛傳播，這就意味著最終中國也不得不承認「信教的自由」。

「信教的自由」和「信仰的自由」，其實是民主主義的基礎。沒有這些自由，民主主義是不可能成立的。

如果只將人視作為物體、或機器，那麼人的尊嚴就等於土石一樣，沒有什麼尊貴了。然而，正因為人是佛子、神子，所以才顯尊貴。

那正是民主主義所稱的「人權」的真正意義。人之所以尊貴，是因為人是佛子、神子，對此不得不珍惜。

承認「信教的自由」，就等於是允許人們有「相信佛神的自由」。這是屬於內心的自由，而內心的自由是所有的原點。這是比發表政治意見的自由，更為重要的基本權利。

如果連心中所想都要被壓抑的話，要生活下去就會很困難。

首先要有「信教的自由」，其後才有「言論的自由」、「出版的自由」等等。所以說「言論出版的自由」都只是民主主義的附屬品，在此之前必須要有「信教的自由」。

從「信教的自由」衍生出「告白信仰的自由」，其後才出現「言論的自由」、「出版的自由」等「行動表現的自由」。依照此流程來看，「被認可信仰的自由」，對於民主主義來說可謂非常重要的原點。

不只我這麼想，德國的著名社會學家馬克斯韋伯也曾在《古猶太教》一書中說過「在民主主義的時代，宗教會蓬勃發展」。

在民主主義時代，許多價值觀、想法都會被認同。因此，各種宗教都將會繁榮發展。他指出「在民主主義時代，勢必興起許多宗教。而且，他們會朝著『如何能讓人們幸福』的良性方向，彼此競爭。所以說，宗教必定能夠繁榮發展」。

總之，「民主主義和宗教是兩立的」。這個世界知名的德國學者也這麼說，便可以視作為一個論證。

為何說民主主義是最好的制度？

此外，關於民主主義的問題，我還想追述一句。

我在三十多年前，曾在東京大學的法學部專攻法律學和政治學。當時，我是以做學問的態度來研究政治學。人們都說「民主主義是最好的制度」，對此說法當時我始終存有疑問。

譬如說，蘇格拉底和柏拉圖的希臘哲學等，就對民主主義做出了很低的評價。他們認為「所謂民主主義，一旦遇上了愚笨的民眾，它就很容易退變成愚民政策，亦容易變成獨裁者控制民眾的制度」，因此，他們對民主主義的評價非常低。

實際上，蘇格拉底就是因為民主主義制度而被判刑的。換言之，蘇格拉底是在民眾法庭被判處死刑的。因此，其弟子柏拉圖也憎恨民主主義。

總之，我在學生時期一直找不到「為何說民主主義是最好的制度」的理由。但在大學畢業後，我又讀了許多書，並在松下幸之助的著作中找到了答案。

在二戰結束後，松下幸之助曾獨自到美國進行視察，並最後得出了一個結論——「民主主義即為繁榮主義」。我看到他這麼說，才初次瞭解到「為何說民主主義是最好的」。

松下幸之助從未以學術性角度專修過政治學，或者是民主主義制度。他只是以企業家的身份去到美國，在美國親眼見證了「在民主主義制度下，能夠促進許多產業蓬勃發展，經濟亦能得以成長。因為每個人都想著為公司的發展貢獻智慧，並且願意付出自己的努力和精進。正因為有這些願意努力的人，社會才會繁榮。所以說，民主主義即是繁榮主義」；松下幸之助是如此斷言的。

這可以說是一種覺悟的言語。

與此相反，在社會主義國家裡，大都是一小部分官僚人士，借著中央集權的制度掌控著國內形勢。但又由於他們看不清國內的每一個角落，於是就變成了計畫型經濟制度。因此，這根本無法讓每一個人都出到力。

然而，在民主主義國家裡，每個人都能夠絞盡腦汁、充分發揮自己的智慧。並且，能夠盡自己的努力，將自己的公司發展為最強的公司。美國就是這種國家，所以才會如此繁榮。

對於「為何說民主主義是最好的」這個問題，我讀了很多政治學方面的書籍都沒有找到答案。沒想到，讀完企業家松下幸之助的書之後，我就明白了民主主義的真諦。松下幸之助，僅是一個小學還沒有讀完的學生，後來卻能夠成就如此成功的企業，雇用了幾十萬位員工。這足見其睿智。

總而言之，「比起自己一人的智慧，當然是彙集眾人的智慧後，更能有力地促進社會的繁榮和發展」。這就是民主主義的真諦。

真正的民主主義是最高文明的政治形態

關於民主主義的問題，以上我講了兩個重點。

其一是「民主主義的時代，即是宗教繁盛的時代」。為何如此說呢？因為在民主主義制度下，社會認同多種思想，也接納多樣的價值觀，所以說宗教也會跟著繁榮。

因此，宗教的時代和民主主義的時代是兩立的。反之，宗教被打壓的時代，其實就是非民主主義的時代。即便該國家假借民主之名，徹底地打壓下宗教，也絕對稱不上是民主主義的國家。宗教和民主主義是兩立的，是可以共同繁榮的。

其二是「民主主義的尊貴之處，就在於民主主義即為繁榮主義」。在真正有民主主義的地方，其國家、社會必將能看到繁盛的經濟、富足的人心。能使人心、物質生活都變得繁盛的，就是民主主義。

在這個意義上，可以說「民主主義即為最高文明的政治形態」。

比起統一國家，使人們幸福生活更為重要

以如此觀點來看待臺灣，可以說臺灣實行的是真正意義上的民主主義，而且如今

也是非常地繁榮。因此，要以失去這種繁榮形勢，去換取所謂的國家統一，這絕非是一件可喜之事。

既然中國大陸都不承認「信教的自由」和「透過個人努力帶來的發展、繁榮」，我認為臺灣就沒有必要急著與他們統一。況且，國家的統一也未必是件好事。

或許有人會說「秦始皇統一國家，難道不是好事嗎？」然而，秦朝的形勢不同於現今，那時四處內亂、民不聊生。要想統一國家，就必定遭到鎮壓。

還有人會說「拿破崙統一歐洲，不也是好事嗎？」儘管也有許多人受到迫害。

再或者說，曾被蒙古統治的中國「元朝」，也有過統一世界的歷史。元朝是當時世界上規模最大的國家，也曾在歷史上無限風光。然而，極多的百姓也因此喪生了。

總之，國家的統一，未必就代表著正義、良善、或者最佳。比起統一國家，更重要的是建立「能夠使人民過上幸福生活、使人們透過自身的努力開拓前路、變得幸福」的社會。

各位須知道，「國家」只是第二位而已。如果人們能夠幸福地生活，那是什麼形式的國家都不重要了。

區分好壞國家的基準

哪個國家都會稱自己的國家為「好國家」。然而，要判定一個國家是好國家、還是壞國家，其實有一個基準。

所謂好國家，即是「許多人都想要移居到此處」的國家；所謂壞國家，則是「許多人都想要從此處逃離」的國家。這個基準很簡單，有許多人想要去的就是好國家，有許多人想要走的就是壞國家。

譬如在二戰結束後，很長一段時間都處在美蘇兩方的冷戰下。我們就以方才講述的基準，來對比這兩個國家的好壞。

美國在戰後吸收了許多外國的留學生和就業者，之後有很多人都回到了自己的國家，為發展自己的國家盡心效力。

反之，幾乎沒有人逃至蘇聯。

要判定一個國家的好壞，以此作為基準即可。關於「一個國家的未來發展」，僅憑一人之力根本做不成什麼吧！

如今，我正在努力將幸福科學發展為日本最有影響力的宗教。實際上已漸漸實現了。此外，我們也有在中國大陸和臺灣等地區，傳佈幸福科學的教義。我希望、並將努力透過宗教活動，讓世界充滿幸福的人。

我一直在構想「隨著幸福科學在世界各國的會員增加，再透過不斷加深會員們之間的跨國交流，世界的未來就將變得非常幸福」。

因此，幸福科學的目標是成為世界宗教，一個為了使世界更美好的宗教。

我相信日後幸福科學能取代聯合國。為了使世界更美好，今後幸福科學會在世界兩百多個國家設立支部，並讓全世界的會員有機會進行互相交流。

第六章　事實與真實

二〇一二年五月二十二日　於香港九龍灣國際展貿中心收錄

一、自由即是「邁向繁榮的機會」

「香港的繁榮」對於中國未來的繁榮非常重要

晚安，香港！我昨晚才從菲律賓抵達香港，在菲律賓我用很大的聲音演講，所以今天我的喉嚨有點受損，對此我感到非常抱歉。

今天我會用很小、很慢的音量來演講，這是我首次用這樣的聲音演講。全世界當中，幾乎沒有人聽過我用這種聲音講演，所以今天各位非常「幸運」。

昨天晚上，我到了香港的酒店，令人驚訝地，我竟然在電視上看到電影「永遠之法」在播出，我非常感謝各位的協助與精進，各位為我做了很多事情，我很感謝各位。這是一部非常美麗的電影，我非常喜愛這部電影。

我來到香港之前，在日本我已先透過香港電影來了解香港。電影的名字是「十月圍城」（Bodyguards And Assassins），在日本是翻譯成「孫文的義士團」，我希望各位不是Bodyguards（刺客）而是我的Assassins（保鑣）。

我來到此地是要告訴各位，「香港的繁榮，對於中國未來的繁榮非常重要」。香港從英國回歸至中國的這十四年間正逐漸變化。日本人很關心香港，看著香港是如何在這幾年間改變。

在這期間，你們繁榮的速度領先亞洲各國，這是值得感到高興的事。

自由與平等，首先請選「自由」

今天，我必須要告訴各位。各位擁有著非常珍貴之物，各位皆被賦予了貴重的價值，那即是「自由」。

「自由」和「平等」兩者間的價值，有時會被認為是有所衝突的。但我持有著不同的意見。我認為，所謂的自由應該是人人皆被賦予了「能夠繁榮的自由」。

那亦代表著「人人皆有著邁向繁榮的機會」、「有機會可參與各項事情」、「有機會可以賺取錢財，讓自己有成功的人生」。

如果各位要在「自由」與「平等」做出選擇的話，各位必須先選擇「自由」。

在自由當中，包含著「選擇的平等」，這是指「能有選擇得到繁榮的平等」、「能有選擇努力的平等」。只要有自由，在各位面前、在各位的國家的未來，就會出現各種機會。

這兩個價值是沒有衝突的。

因此，各位必須選擇自由。

除此之外，我再附加一點，那即是人之所以是幸福的，是因為人可以自由的思考，沒有人可以剝奪你這個權利。「思考的自由」、「言論的自由」、「出版的自由」及「相信某種有價值之物的自由」，這對人來說是非常重要的。

二、從日本人身上應學習到的教訓

日本人怕自己和他人相差太多

昨晚香港的各位，可以在電視上看到電影「永遠之法」。但目前在日本的電視，只能看到電影「黃金之法」。那是因為日本人才經歷了規模九的強烈地震，之後又有海嘯襲擊，以及核子反應爐的併發問題。

我另外還有其他兩部有名的電影「太陽之法」及「佛陀再誕」，這兩部電影原本排定於今年四月和五月在日本電視台播放，但在「佛陀再誕」的電影中，有海嘯的畫面，導致我們尚無法在電視上映這類的電影。然而在香港，各位可以看到「永遠之法」。

更令人驚訝的是，我竟可以在電視上看到今天活動的廣告，看到自己的臉出現在電視上，真令我感到驚訝。

在日本的電視中，要打幸福科學的廣告是非常困難的事。因為若是我的臉、名字、書籍，像香港一樣出現在電視廣告上的話，會給人們太多的「影響」。在日本，要打幸福科學的電視廣告是非常困難的。

所以，在今天，可以說「日本是社會主義國家，而香港是自由的國家」；兩者是非常不同的。

在日本，人們會擔心自己和他人不同，人們會擔心貧困與富裕出現很大的差異、人們會擔心社會當中成功之人和失敗之人的差異過大。因此，在日本幾乎沒有那種很貧困的人，但相對來說，也沒有非常有錢的人。

在香港人們皆很富有，我很欽佩這個事實。各位是很富有的人們，即使在中國的政策下，香港人民是很富有的，且有許多很好的娛樂。

經濟與教育的失敗，導致日本長期的不景氣

在日本，人們認為自己在保護資本主義和市場自由，但實際上不然。近二十年來，日本犯了許多過錯。

其中一個錯誤即是，人們會打壓日本經濟，大眾媒體、輿論為了要打破日本泡沫經濟，進而給日本經濟許多壓力。在那之後，日本人經歷了二十年的經濟蕭條期。

在那期間，中國的經濟持續成長，去年中國的國民總生產毛額，已超過日本成為了世界第二，這是值得高興的事，對此我也表達祝福。各位在經濟成長部分做了很大的努力。

此外，在這二十年間，日本還犯了一個錯誤，那即是教育問題。在日文稱為「快樂學習」，如此教育方針讓師生鬆懈了，並減少了競爭。因此，中小學、高中的教科書變得越來越薄。之前國中的英文教育，每個人必須要記住五百個英文單字，但經過了二十年的歲月，現在只要求記得一百個英文單字就好了；這使得日本的競爭力往下滑。

這兩個錯誤，造成日本經濟長期蕭條。

前往地獄之路是被善意地鋪設的

我要告訴各位，請不要放棄努力學習。我聽說中國人，當然也包括香港人，對於學習英文很在行，各位是非常聰明的。

如果你想要變富有，如果你想要有成功的人生，你必須要非常努力地學習。

通往地獄的道路，常常是被善意去鋪設起來的。小孩子和年輕人常常不願意苦讀，但這將會讓國家走下坡。

所以，對學習要有耐心，要持續不斷地學習英文，或其他語言及其他科目。這是從日本得到的教訓。

三、唯有和平才能使經濟發展

讓中國更加發展的條件

包括香港及上海等地的中國人，在不久的將來，或許會面臨經濟的困境。這將會被稱為泡沫經濟，就像日本一樣。並且當權者及媒體，有時會宣稱打擊泡沫經濟壓力是很重要的，如此一來經濟才會回復正常；他們會這麼告訴人們。但這將會重蹈日本的覆轍。

屆時要有耐心，要靜心思索後再做決定，並下決心讓國家能走向更好的方向。各位應該能有更好的發展，也許會有兩倍或三倍以上的發展。

香港是被應許的國家。現在中國政府認為在二〇一六年時，國民總生產毛額必須追上美國。就某種意義上來說，這是有可能的。

但那必須符合以下的條件，那就是「經濟，特別是世界經濟需要『和平』」。經濟要有大發展，首先世界必須是和平的狀態。所以「和平」是首要條件，第二才是經濟成長。

如果大國之間出現了衝突，那麼世界的經濟將會走下坡，同時也無法擴大其規模。

只要有幸福科學，日本將再度站起

我們正思考著要如何重振日本的經濟及政治。今年（二〇一一年）三月十一日的強烈地震和海嘯摧毀了東日本。

但這不是日本的末路，因為有「幸福科學」的存在，有幸福科學本部的存在。幸福科學，即是將幸福科學化的地方，這代表我們要在各個領域創造幸福。總而言之，幸福科學在政治、教育、以及經濟方面都支持著日本。

在這三年之內，日本會再重新站起來，並與現在位於領導地位的大國，有著良性的競爭。

中國和日本應維持友好關係

我還要再補充一點。

中國現今已成為世界偉大的領導之一，這很明確。我們日本人對此並不忌妒，且抱持著祝福之心。我們想和中國維持良好關係，並在經濟和政治上共存共榮。

日本和美國在政治、外交、經濟，目前是維持著友好的關係。但我認為，今後中國和日本應成為朋友，持續保持友好關係。

如果中國和日本的關係像「十月圍城」一樣，彼此成為敵人的話，這將會是世界的損失。不僅經濟會有損失，政治上亦會有所損失。

四、在天上界的靈性存在前應保持謙虛

我想要求各位。

在電影「永遠之法」當中，就像各位所看到的，在三次元世界外還有其他次元。在佛教當中亦曾如此教導人們，日本人從過去的中國當中，對此有所學習。如今，我們幸福科學做為嶄新的佛教，應教導各位這些以做為回報。

電影中描述的四次元、五次元及其他次元是實際存在的，那些是真實的世界。幸福科學即是科學，在科學面前，有著未知的世界。其中一個未知的世界，就是「靈界」，而靈界真實的存在。

今後，當我們在追求世間的事實時，也必須從異次元的角度來探求真正的事實。靈界的觀念，是古時候的中國人所教導的。現今人們需要有著上述兩個角度來看待事物。

唯有人會相信人以外的存在，那是稱為佛、神或天使的存在。動物是不相信這些的；這即是科學的態度。

不要認為這是迷信或虛構；這是現實。

至今我已經出版了七百本以上的書籍（編注：二〇一一年五月止）。在書中，我寫了許多有關另一個世界的存在，我從二十五年前就開始寫了。

而我現在所關心的，是這些真理能否被香港所瞭解，並從香港再傳進中國。認同靈界的存在，是身為人所必備的條件。

請各位在天上界的靈性存在前保持謙卑。如此一來，這個國家在不久的將來將會變成更偉大的國家，我是這麼希望的。我是以和平使者的身分，而來到這裡的。

謝謝各位。

國家圖書館出版品預行編目（CIP）資料

從李登輝守護靈的靈言看東亞情勢 / 大川隆法作.
-- 初版. -- 臺北市 : 信實文化行銷, 2014.05
面；　公分. --（What's being; 30）
ISBN 978-986-5767-22-8（平裝）

1. 國際政治 2. 國際關係 3. 東亞

578.193　　103008055

What' s being 30

從李登輝守護靈的靈言看東亞情勢

作者　大川隆法
翻譯　幸福科學翻譯小組
出版　信實文化行銷有限公司
地址　台北市大安區忠孝東路四段 341 號 11 樓之三
電話　（02）2740-3939
傳真　（02）2777-1413
網址　www.whats.com.tw
E-Mail　service@whats.com.tw
Facebook　https://www.facebook.com/whats.com.tw
劃撥帳號　50040687 信實文化行銷有限公司

印刷　上海印刷廠股份有限公司
地址　新北市土城區大暖路 71 號
電話　（02）2269-7921

總經銷　聯合發行股份有限公司
地址　新北市新店區寶橋路 235 巷 6 弄 6 號 2 樓
電話　（02）2917-8022

©Ryoho Okawa 2014
Traditional Chinese Translation ©HAPPY SCIENCE 2014
All Right Reserved.
The material in this book is selected from various talks given by Ryuho Okawa to live audience.
No part of this book may be reproduced in any form
without the written permission of the publisher.

著作權所有・翻印必究
本書文字非經同意，不得轉載或公開播放
2014 年 5 月 初版
定價：新台幣 360 元

更多書籍介紹、活動訊息，請上網輸入關鍵字 九韵文化 搜尋 或 華滋出版 搜尋

從李登輝守護靈的靈言看東亞情勢 從李登輝守護靈的靈言看東亞情勢 從李登輝守護靈的靈言看東亞情勢 從李登輝守護靈的靈言看東亞
從李登輝守護靈的靈言看東亞情勢 從李登輝守護靈的靈言看東亞情勢 從李登輝守護靈的靈言看東亞情勢 從李登輝守護靈的靈言看東亞
從李登輝守護靈的靈言看東亞情勢 從李登輝守護靈的靈言看東亞情勢 從李登輝守護靈的靈言看東亞情勢 從李登輝守護靈的靈言看東亞
從李登輝守護靈的靈言看東亞情勢 從李登輝守護靈的靈言看東亞情勢 從李登輝守護靈的靈言看東亞情勢 從李登輝守護靈的靈言看東亞
從李登輝守護靈的靈言看東亞情勢 從李登輝守護靈的靈言看東亞情勢 從李登輝守護靈的靈言看東亞情勢 從李登輝守護靈的靈言看東亞
從李登輝守護靈的靈言看東亞情勢 從李登輝守護靈的靈言看東亞情勢 從李登輝守護靈的靈言看東亞情勢 從李登輝守護靈的靈言看東亞
從李登輝守護靈的靈言看東亞情勢 從李登輝守護靈的靈言看東亞情勢 從李登輝守護靈的靈言看東亞情勢 從李登輝守護靈的靈言看東亞
從李登輝守護靈的靈言看東亞情勢 從李登輝守護靈的靈言看東亞情勢 從李登輝守護靈的靈言看東亞情勢 從李登輝守護靈的靈言看東亞
從李登輝守護靈的靈言看東亞情勢 從李登輝守護靈的靈言看東亞情勢 從李登輝守護靈的靈言看東亞情勢 從李登輝守護靈的靈言看東亞
從李登輝守護靈的靈言看東亞情勢 從李登輝守護靈的靈言看東亞情勢 從李登輝守護靈的靈言看東亞情勢 從李登輝守護靈的靈言看東亞
從李登輝守護靈的靈言看東亞情勢 從李登輝守護靈的靈言看東亞情勢 從李登輝守護靈的靈言看東亞情勢 從李登輝守護靈的靈言看東亞
從李登輝守護靈的靈言看東亞情勢 從李登輝守護靈的靈言看東亞情勢 從李登輝守護靈的靈言看東亞情勢 從李登輝守護靈的靈言看東亞
從李登輝守護靈的靈言看東亞情勢 從李登輝守護靈的靈言看東亞情勢 從李登輝守護靈的靈言看東亞情勢 從李登輝守護靈的靈言看東亞
從李登輝守護靈的靈言看東亞情勢 從李登輝守護靈的靈言看東亞情勢 從李登輝守護靈的靈言看東亞情勢 從李登輝守護靈的靈言看東亞
從李登輝守護靈的靈言看東亞情勢 從李登輝守護靈的靈言看東亞情勢 從李登輝守護靈的靈言看東亞情勢 從李登輝守護靈的靈言看東亞
從李登輝守護靈的靈言看東亞情勢 從李登輝守護靈的靈言看東亞情勢 從李登輝守護靈的靈言看東亞情勢 從李登輝守護靈的靈言看東亞
從李登輝守護靈的靈言看東亞情勢 從李登輝守護靈的靈言看東亞情勢 從李登輝守護靈的靈言看東亞情勢 從李登輝守護靈的靈言看東亞
從李登輝守護靈的靈言看東亞情勢 從李登輝守護靈的靈言看東亞情勢 從李登輝守護靈的靈言看東亞情勢 從李登輝守護靈的靈言看東亞
從李登輝守護靈的靈言看東亞情勢 從李登輝守護靈的靈言看東亞情勢 從李登輝守護靈的靈言看東亞情勢 從李登輝守護靈的靈言看東亞
從李登輝守護靈的靈言看東亞情勢 從李登輝守護靈的靈言看東亞情勢 從李登輝守護靈的靈言看東亞情勢 從李登輝守護靈的靈言看東亞
從李登輝守護靈的靈言看東亞情勢 從李登輝守護靈的靈言看東亞情勢 從李登輝守護靈的靈言看東亞情勢 從李登輝守護靈的靈言看東亞
從李登輝守護靈的靈言看東亞情勢 從李登輝守護靈的靈言看東亞情勢 從李登輝守護靈的靈言看東亞情勢 從李登輝守護靈的靈言看東亞
從李登輝守護靈的靈言看東亞情勢 從李登輝守護靈的靈言看東亞情勢 從李登輝守護靈的靈言看東亞情勢 從李登輝守護靈的靈言看東亞
從李登輝守護靈的靈言看東亞情勢 從李登輝守護靈的靈言看東亞情勢 從李登輝守護靈的靈言看東亞情勢 從李登輝守護靈的靈言看東亞
從李登輝守護靈的靈言看東亞情勢 從李登輝守護靈的靈言看東亞情勢 從李登輝守護靈的靈言看東亞情勢 從李登輝守護靈的靈言看東亞
從李登輝守護靈的靈言看東亞情勢 從李登輝守護靈的靈言看東亞情勢 從李登輝守護靈的靈言看東亞情勢 從李登輝守護靈的靈言看東亞
從李登輝守護靈的靈言看東亞情勢 從李登輝守護靈的靈言看東亞情勢 從李登輝守護靈的靈言看東亞情勢 從李登輝守護靈的靈言看東亞
從李登輝守護靈的靈言看東亞情勢 從李登輝守護靈的靈言看東亞情勢 從李登輝守護靈的靈言看東亞情勢 從李登輝守護靈的靈言看東亞
從李登輝守護靈的靈言看東亞情勢 從李登輝守護靈的靈言看東亞情勢 從李登輝守護靈的靈言看東亞情勢 從李登輝守護靈的靈言看東亞
從李登輝守護靈的靈言看東亞情勢 從李登輝守護靈的靈言看東亞情勢 從李登輝守護靈的靈言看東亞情勢 從李登輝守護靈的靈言看東亞
從李登輝守護靈的靈言看東亞情勢 從李登輝守護靈的靈言看東亞情勢 從李登輝守護靈的靈言看東亞情勢 從李登輝守護靈的靈言看東亞

從李登輝守護靈的靈言看東亞情勢　從李登輝守護靈的靈言看東亞情勢　從李登輝守護靈的靈言看東亞情勢　從李登輝守護靈的靈言看東亞情勢